Deliciously Dutch

Deliciously Dutch

Teksten en recepten | Text and recipes
Marijke Sterk

TERRA

© 2008 Uitgeverij Terra Lannoo B.V.
Postbus 614, 6800 AP Arnhem
info@terralannoo.nl
www.terralannoo.nl
Uitgeverij Terra maakt deel uit van de Lannoo-groep, België

Tekst / Text: Marijke Sterk
Vertaling / Translation: George Hall, Gerard van der Hooff
Fotografie / Photography: Thomas Pelgrom
Fotostyling / Photostyling: Lotje Deelman
Attributen / Props: Henri Willig Kaas
Foto Delftsblauwe schort op omslag / Photo cover: via www.ciazzo.nl
Foto / Photo hangop (p.77): uit *Feest! – Ideeën en recepten
voor onvergetelijke feesten* van Denise Harskamp,
Villa Pippi feest & interieurconcepten
Tekeningen / Drawings: Geert Gratama
Vormgeving / Layout: Studio Bassa, Culemborg
Druk- en bindwerk / Printing and binding: Vivapress, Barcelona

ISBN 978-90-5897-853-0
NUR 442, 500

Inhoud *Content*

Ontbijt & lunch *Breakfast & lunch*

Drie-in-de-pan   11
Three-in-the-pan   11
Poffertjes   15
Small leavened pancakes   15

Soepen *Soups*

Prol/preisoep   17
Prol / leek soup   17
Bruinebonensoep   18
Kidney bean soup   18
Erwtensoep/snert   22
Pea soup   22
Humkessoep   25
Beef broth   25

Stamppotten & andere hoofdgerechten
Hotchpotch & other main courses

Rodekool met bloedworst en appel 27

Red cabbage with black pudding and apple 27

Boerenkoolstamppot 29

Kale hotchpotch 29

Hutspot met klapstuk en worst 30

Hotchpotch with beef rib and sausage 30

Hete bliksem met gehaktballetjes 35

Stewed apples and potatoes with meatballs 35

Andijviestamppot met kaas en spekjes 36

Endive hotchpotch with cheese and bacon 36

Zuurkoolstamppot 39

Sauerkraut hotchpotch 39

Asperges met ham en ei 40

Asparagus with ham and egg 40

Kapucijnertafel/raasdonders 45

Marrowfat peas 45

Blote billetjes in het gras (witte boontjes en snijbonen)   46

Shelled haricots with French beans   46

Spekpannenkoeken   48

Bacon pancakes   48

Bruine bonen met spek en appelmoes   49

Kidney beans with bacon and apple sauce   49

Stoofpeertjes   50

Stewed pears   50

Verhollandste nasi   52

Dutch nasi   52

Haringsalade   57

Herring salad   57

Bietensalade   58

Beetroot salad   58

Vlees & vis *Meat & fish*

Hachee 61

Hash 61

Stoofaal 65

Braised eel 65

Gekookte mosselen 66

Boiled mussels 66

Gestoofde kabeljauw met mosterdsaus 69

Braised cod with mustard sauce 69

Nagerechten *Desserts*

Griesmeelpudding met bessensap 71

Semolina pudding with currant juice 71

Schoenlapperspudding 73

Schoenlapperspudding / Shoemaker's pudding 73

Bitterkoekjespudding 74

Bitter macaroon pudding 74

Hangop met aardbeien en muntsuiker 76

Curds with strawberries and mint sugar 76

Rabarbercompote 78

Rhubarb compote 78

Gebak *Cake*

Sûkerbôle/suikerbrood	79
Sûkerbôle / cinnamon bread	79
Gevulde speculaas	85
Cake with almond paste	85
Appeltaart	91
Apple pie	91
Oliebollen	95
Doughnut balls	95

Borrelhapjes/tussendoortjes *Snacks*

Kroketten/bitterballen	97
Croquettes	97
Palingbroodjes	103
Eel rolls	103

(Please note: all converted imperial measures are approximations)

4c
+4
La Princesse
NEDERLAND
ANDSE POLDERMOLEN
NEDERLAND
NEDERLAND
jaar
ederlandse vlag
Nederland 20c

Ontbijt & lunch *Breakfast & lunch*

Drie-in-de-pan | Three-in-the pan

Voor 4 personen | *For 4 people*
200 g zelfrijzend bakmeel | 1 ei | 2 dl melk | 100 g krenten en rozijnen, gewassen | 30 g boter |
100 g bruine basterdsuiker en/of (bosvruchten)jam |

200 g (7 oz.) self-raising flour | 1 egg | 200 mL (7 fl.oz.) milk | 100 g (3½ oz.) currants and raisins, washed |
30 g (1 oz.) butter | 100 g (3½ oz.) soft brown sugar and/or (forest fruit) jam |

Klop een egaal beslag zonder klontjes. Maak daarvoor een kuiltje in het bakmeel, voeg het ei en de helft van de melk toe en roer het glad. Voeg nu de rest van de melk toe en klop het opnieuw door. Schep de rozijnen en de krenten erdoor. Verhit telkens een klontje boter in de koekenpan en schep met een juslepel 3 porties beslag in de pan. Keer de drie-in-de-pan als de onderkant mooi bruin en de bovenkant droog is. Houd de drie-in-de-pan warm en bak er nog meer totdat het beslag op is. Serveer met de basterdsuiker of de jam.

Whisk up a smooth batter, without lumps. To do so, make a hollow in the flour, add the egg and half of the milk, and stir until smooth. Add the rest of the milk and whisk it again. Stir the raisins and currants through the mixture. Heat a knob of butter in a frying pan and use a gravy spoon to scoop three portions into the pan. When the underside of this pancake has become golden and the top dry, turn it over. When this side is done, remove the pancake from the pan and keep it warm. Add a knob of butter again and repeat the procedure until all the batter has been used up. Serve with soft brown sugar or jam.

Zoetekauwen met een vreemde smaak
Having a sweet tooth and a strange taste

Als het om zoetigheid gaat, hebben de Nederlanders een smaak die de meeste vreemdelingen maar moeilijk kunnen begrijpen. Om te beginnen is er het dropje. Nederlanders zijn er dol op en gaan bij wijze van spreken niet de deur uit zonder drop op zak. Dropjes zijn dan ook op bijna elke straathoek te koop; van café tot snackbar, op scholen, in snoepwinkels en bij de bioscoop. Elk jaar eten de Nederlanders gezamenlijk zo'n 33,6 miljoen kilo ofwel acht miljard dropjes. Dat is ongeveer 2 kilo per persoon per jaar! Maar ook de Haagse hopjes – kleine harde vierkante snoepjes die naar koffie smaken – zijn een echte Hollandse specialiteit waar geëmigreerde Nederlanders van dromen. Dit snoepje heeft zelfs een eigen museum!

Nog zo'n typisch Hollandse lekkernij is de stroopwafel. Dat is een koek gemaakt van twee dunne roomboterwafels met daartussen een dunne laag karamelachtige stroop. Ze worden vaak versgebakken verkocht in kraampjes op markten en de zoete geur van stroopwafels doet menigeen het water in de mond lopen.

Nederlanders zijn echte zoetekauwen. Zelfs de boterhammen worden graag met iets zoets bestrooid: chocoladehagelslag in diverse variëteiten, vruchtenhagel, anijshagel, bosvruchtenhagel, chocoladevlokken

In matters of sweets, the Dutch have preferences incomprehensible to most foreigners. To start with there is liquorice. The Dutch love it and will not leave the house without it, so to speak. Liquorice is sold on practically every street corner, in pubs and snackbars, in schools, sweetshops and cinemas. Altogether the Dutch eat approximately 33.6 million kilos a year, which amounts to 8 billion pieces of liquorice. That is about 2 kilos per person a year! Then there are Hague toffees – small, hard and square sweets tasting of coffee: another Dutch speciality featuring in Dutch expatriates' dreams. This sweet even has its own museum!

Another typically Dutch speciality is the treacle waffle: a biscuit made of two thin all-butter waffles with a thin layer of caramel-like treacle in between. They are often sold freshly baked in market stalls and their sweet smell makes many a person's mouth water.

The Dutch really have a sweet tooth. They even like to coat their sandwiches with something sweet: chocolate sprinkles or flakes of milk, plain and white chocolate, fruit and forest-fruit sprinkles, sugar-coated aniseed sprinkles or 'mice', as the Dutch call them. Traditionally, rusk with these aniseed sprinkles is served when a baby is born. Pink and white sprinkles when it is a girl,

van melk, pure en witte chocolade en natuurlijk (gestampte) muisjes. Bij de geboorte van een baby worden traditioneel beschuiten met muisjes geserveerd. Roze en witte muisjes als het een meisje is en blauwe en witte muisjes bij de geboorte van een jongen. Muisjes worden gemaakt van anijszaadjes met een gekleurd suikerlaagje, en anijs is, zo zegt men, 'goed voor 't zog' (de productie van de moedermelk). Ze danken hun naam aan het feit dat ze op echte muisjes lijken doordat het steeltje van het zaadje zichtbaar is.

Gestampte muisjes zijn ooit ontstaan doordat oudere dames bij de fabrikant klaagden dat ze de anijsmuisjes te hard vonden voor hun gebit. Als reactie hierop werden de anijsmuisjes fijngewreven in een vijzel en zo ontstonden de gestampte muisjes. Deze gestampte variant is zo geliefd dat er, toen er door de verhuizing van de fabriek in 2006 tijdelijk geen gestampte muisjes te koop waren, op internet tot € 40,- betaald werd voor een pakje gestampte muisjes.

blue and white when a boy is born. It is said that aniseed stimulates the production of mother's milk. Aniseed sprinkles owe their name in Dutch to the fact that they resemble real mice because the tiny stalk of the seed is visible.

A ground variety of aniseed sprinkles was created a long time ago because elderly ladies complained to the manufacturer that the sugared aniseeds damaged their teeth. In reaction to this, the sugared aniseeds were crushed in a mortar and this is how ground aniseed sprinkles were created. This variety is so popular that on the Internet amounts of up to € 40 were paid for a packet, when it was temporarily unavailable due to the relocation of the factory in 2006.

Poffertjes | Small leavened pancakes

Voor 4 personen | *For 4 people*
4 dl handwarme melk | 15 g verse gist, verkruimeld (of 7 g gedroogde) | 200 g tarwebloem |
100 g boekweitmeel | zout | 1 ei | 100 g boter | poedersuiker | extra nodig: poffertjespan |
400 mL (14 fl.oz.) lukewarm milk | 15 g (½ oz.) fresh yeast, crumbled (or 7 g of dried yeast) |
200 g (7 oz.) wheat flour | 100 g (3½ oz.) buckwheat flour | salt | 1 egg | 100 g (3½ oz.) butter |
powdered sugar | extra: poffertjes pan |

Roer de gist door 2 eetlepels melk. Klop een dik beslag van de bloem, het boekweitmeel, een mespunt zout, het gistpapje, het ei en de melk. Voeg de melk in gedeelten toe en roer het telkens goed door zodat een egaal beslag ontstaat. Laat het beslag afgedekt met een schone theedoek 1 uur rijzen. Smelt ± 25 g van de boter. Verhit de poffertjespan en vet de holletjes in. Vul ze voor de helft met het beslag en bak de poffertjes totdat de onderzijde lichtbruin en de bovenzijde bijna droog is. Keer de poffertjes met een vork en bak ook de andere kant lichtbruin. Houd ze warm en ga door totdat al het beslag is gebruikt. Verdeel de poffertjes over de borden en leg er een klont boter op. Bestuif dik met poedersuiker en serveer direct.

Stir the yeast into 2 tablespoonfuls of milk. Whisk a thick batter from the flour, buckwheat flour, pinch of salt, yeast paste, egg and milk. Add the milk in stages and stir well each time so that a smooth batter is produced. Drape a clean tea towel over the batter and allow it to rise for 1 hour. Melt around 25 g (1 oz.) of butter. Warm the *poffertjes* pan and grease the hollows. Fill these half full of batter and bake until the *poffertjes*/pancakes are golden underneath and almost dry on top. Turn them with a fork and bake the other side light-brown. Keep them warm and continue until all the batter has been used up. Divide the *poffertjes* among the plates and serve with a knob of butter and an abundance of powdered sugar.

Poffertjes are baked in a special *poffertjes* pan. You can also bake small portions of the batter in a frying pan.

Soepen *Soups*

Prol/preisoep | Prol / leek soup

Voor 4 personen | *For 4 people*

1,5 liter kippenbouillon | 750 g prei, in dunne ringen | 400 g kruimig kokende aardappelen, geschild en in blokjes | 75 g rijst | 1 rookworst | 125 g gerookt vetspek, in blokjes | peper, zout |

1.5 litres (2 pints) chicken stock | 750 g (1 lb. 10 oz.) leek, in thin rings | 400 g (14 oz.) floury potatoes, peeled and diced | 75 g (2½ oz.) rice | 1 smoked sausage | 125 g (4½ oz.) streaky bacon, diced | salt, pepper |

Breng de bouillon met de prei, de aardappelen en de rijst aan de kook. Kook de soep ± 30 minuten. Verwarm de worst 15 minuten in water dat tegen de kook aan gehouden wordt en snijd hem in stukjes. Bak het spek in een droge koekenpan knapperig uit. Breng de soep op smaak met peper en zout. Schep de soep in de borden en verdeel de uitgebakken spekjes en de stukjes rookworst erover. Serveer de soep met roggebrood met boter en belegen Goudse kaas.

Heat the chicken stock with the leek, potatoes and rice, and boil for around 30 minutes. Heat the sausage in simmering hot water, and cut it into pieces. Fry the bacon in a dry (no extra oil) frying pan until it is crispy. Season the soup with salt and pepper. Ladle the soup into the plates and divide up the bacon and the sausage. Serve along with rye bread with butter and mature Gouda cheese.

Bruinebonensoep | Kidney bean soup

Voor 6 personen | For 6 people

400 g bruine bonen | zout | 2 laurierblaadjes | 3 kruidnagels | 1 Spaanse peper | 100 g gerookt spek, in blokjes | 3 uien, gesnipperd | 250 g aardappelen, geschild en in blokjes | 0,5 selderijknol, geschild en in blokjes | peper | 2 eetlepels Worcestershiresaus |

400 g (14 oz.) kidney beans | salt | 2 bay leaves | 3 cloves | 1 chilli pepper | 100 g (3½ oz.) smoky bacon, diced | 3 onions, chopped fine | 250 g (8½ oz.) potatoes, peeled and diced | ½ celeriac, peeled and diced | pepper | 2 tbsp Worcestershire sauce |

Week de bonen ± 8 uur in 6 liter water. Kook de bonen in het weekwater met zout naar smaak, de laurier, de kruidnagels en de Spaanse peper op een laag vuur in ± 1,5 uur gaar. Kook de aardappel-blokjes de laatste 30 minuten mee. Verwijder de laurier, de kruidnagel en de Spaanse peper en pureer een gedeelte van de bonen en de aardappelen in het kookvocht met behulp van een staafmixer, blender of foodprocessor. Bak de spekblokjes 5 minuten zonder bakvet. Bak de ui ± 5 minuten op een laag vuur mee. Voeg de selderijknol aan de soep toe en roer het spek en de ui erdoor. Breng de soep aan de kook en voeg peper en zout naar smaak toe. Kook de soep in ± 15 minuten helemaal gaar. Breng hem op smaak met de Worcestershiresaus. Lekker met een bruine boterham met boter.

Soak the beans for around 8 hours in 6 litres of water. Bring them to the boil in fresh water and allow to simmer for around 1½ hours, adding the bay leaves, the cloves, the chilli pepper, and salt to taste. Add the diced potatoes for the last half hour. Remove the bay leaves, the cloves and the chilli pepper, and puree some of the beans and the potato with the aid of a hand blender, a normal blender, or food processor. Fry the bacon and onion together for 5 minutes without additional oil. Add the celeriac to the soup and stir in the bacon and onion. Boil the soup until all the ingredients are thoroughly cooked, and season further with salt and pepper. Add the Worcestershire sauce to taste. This is delicious with brown bread and butter.

Hollandse zuinigheid
Dutch thrift

Als er één hardnekkig misverstand bestaat dat aan de Nederlanders blijft kleven, dan is het wel het koekje bij de thee. Bij de thee zou er namelijk één koekje worden geserveerd, waarna de koektrommel weer achter slot en grendel gaat. De Nederlandse zuinigheid is legendarisch, maar het verhaal van het koekje klopt niet.

Nederlanders zijn namelijk enorme snoepers. Nergens bestaan zoveel verschillende soorten koekjes als in Nederland. Elke streek heeft zijn eigen specialiteiten, bijvoorbeeld de Utrechtse spritsen, de Arnhemse meisjes en de Goudse stroopwafels. Koekjes werden en worden op elk moment van de dag geserveerd: bij de koffie, de thee, zelfs na het eten wordt er koffie met koek geserveerd.

In de achttiende eeuw at men al koek en broodachtige gerechten. Met name op het platteland bedachten de boerinnen de meest uiteenlopende baksels. Ingrediënten als boter, eieren en (boekweit)meel kwamen van eigen land of erf of er werd geruild met de boeren in de buurt. Er werd ook veel met restjes gewerkt. Wentelteefjes van oud brood en broodschoteltjes gemaakt van oud brood, room of melk en eieren zijn daar goede voorbeelden van.

If there is one persistent misconception that seems to be attached to the Dutch, it must be the one referring to the biscuit with the tea. The story goes that the Dutch traditionally offer one biscuit to go with the tea, after which the biscuit tin is locked away again. Dutch thrift is legendary, but the story about the biscuit is incorrect.

The truth of the matter is that the Dutch are terrible gluttons. No other country in the world has such an enormous variety of biscuits as the Netherlands. Each region has its own speciality, such as the Utrecht short biscuit, Arnhem 'girls' and Gouda treacle waffles, for example. Biscuits were and are served at any time of day: with the coffee, with the tea – coffee and biscuits are even offered after dinner.

As early as the eighteenth century people ate biscuit, cake and bread-like dishes. Especially in the country, farmers' wives came up with a wide variety of baking. Ingredients like butter, eggs and (buckwheat) flour came from their own land or farmyard, or they exchanged produce with farmers in the neighbourhood. They also worked a lot with leftovers. French toast made of stale bread, and bread dishes made from stale bread, cream or milk and eggs are good examples.

Nederlanders hebben de reputatie dat ze zuinig zijn, maar een koekje bij de koffie is er altijd wel in huis. Mee-eten is een ander verhaal. Niet bij elk gezin kun je zomaar rond etenstijd binnenkomen en aanschuiven. Dat heeft niets te maken met ongastvrijheid; men heeft gewoon niet gerekend op een extra eter. Een Nederlander kookt voor het aantal mensen dat aan tafel wordt verwacht en stel je nu eens voor dat er te weinig is! Dat is iets wat een Nederlandse gastheer/gastvrouw niet kan verdragen. Daarom wordt vaak al ruim van tevoren gevraagd: 'Eet je mee?'

The Dutch may have a reputation of being thrifty but, as mentioned, they always keep a large store of biscuits to go with the coffee. However, joining people for dinner is a different story. You cannot just drop in round dinner time and expect people to invite you to join them for dinner. This has nothing to do with being inhospitable – they simply have not bargained on an extra dinner guest. The Dutch prepare a meal for the number of people they expect, and just imagine that there is not enough food! That would be more than a Dutch host or hostess could bear. So they will often ask you a long time in advance: 'Join us for dinner on ...?'

Erwtensoep/snert | Pea soup

Voor 4 personen | For 4 people
400 g spliterwten | 500 g schouderkarbonades | 1 laurierblad | 2 kruimig kokende aardappelen,
geschild en in blokjes | 3 preien, in ringen | 1 kleine selderijknol | peper, zout | 1 rookworst | 2 eetlepels
grofgesneden bladselderij | 8 sneetjes donker roggebrood | boter | 100 g katenspek of ontbijtspek,
in plakjes | grove mosterd |
400 g (14 oz.) split peas | 500 g (1 lb 1 oz.) shoulder chops | 1 bay leaf | 2 floury potatoes, peeled and
diced | 3 leeks, in rings | 1 small celeriac | salt, pepper | 1 smoked sausage | 2 tbsp coarsely chopped celery |
8 slices of dark rye bread | butter | 100 g (3½ oz.) streaky bacon, in slices | coarse mustard |

Breng 2 liter water met de spliterwten, het vlees, het laurierblad en zout naar smaak aan de kook.
Schep het schuim uit de pan en kook alles ± 45 minuten op een laag vuur. Schep het vlees uit
de pan, verwijder het bot en snijd het vlees in stukjes. Schep het met de aardappel, de prei, de
selderijknol en peper en zout naar smaak door de soep en breng hem aan de kook. Kook de groenten in ± 25 minuten helemaal gaar en leg de laatste 15 minuten de worst in de soep. Neem de worst
uit de pan en snijd hem in plakjes. Verwijder het laurierblad en roer alles goed door zodat een
gebonden soep ontstaat. Schep de worst en de bladselderij erdoor. Serveer met het roggebrood,
de boter, het spek en de mosterd.
Bring 2 litres (3 pints) of water with the split peas, meat, bay leaf and salt to the boil. Skim the
broth, and boil further for 45 minutes on a low heat. Lift the meat from the pan, remove the bone,
and cut the meat into pieces. Add it to the broth again, along with the potato, leek, celeriac and
seasoning, and bring it back to the boil. The vegetables will be done in around 25 minutes, so place
the sausage in the broth for the last 15 minutes of this period. Then take it out of the broth again
and cut it into pieces. Remove the bay leaf, and stir well so that a creamy soup is formed. Stir the
sausage and celery into the broth. Serve with rye bread, butter, bacon and mustard.

Tip Voor de liefhebber kun je een gehalveerde varkenspoot mee koken.
Dit vlees wordt dan in plaats van het spek op het roggebrood gegeten.

Tip For those who prefer it, a cloven pig's trotter can also be boiled with the broth.
After boiling, this meat can be served on the rye bread instead of the bacon.

Humkessoep | Beef broth

Voor 4 personen | *For 4 people*

300 g runderpoelet | peper, zout | 250 g sperziebonen, schoongemaakt en in stukjes | 250 g snijbonen, schoongemaakt en in stukjes | 350 g kruimig kokende aardappelen, geschild en in stukken | 0,5 selderijknol, geschild en in dobbelsteentjes | 1 prei, in ringen | 200 g gare witte bonen | 4 eetlepels fijngesneden bladselderij | 4 eetlepels fijngehakte peterselie |

300 g (10½ oz.) boiling beef, chopped | salt, pepper | 250 g (8½ oz.) French beans, cleaned and chopped | 250 g (8½ oz.) string beans, cleaned and chopped | 350 g (12 oz.) floury potatoes, peeled and diced | ½ celeriac, peeled and diced | 1 leek, in rings | 200 g (7 oz.) cooked haricot beans | 4 tbsp finely chopped celery | 4 tbsp finely chopped parsley |

Breng 1,5 liter water met het vlees en peper en zout naar smaak aan de kook en trek er in 1,5 uur een bouillon van. Voeg de sperziebonen, de snijbonen, de aardappelen en de selderijknol toe en kook de soep ± 25 minuten. Schep de prei, de witte bonen en de kruiden erdoor en breng de soep op smaak met peper en zout en warm de soep kort door. Serveer direct.

Bring 1.5 litres of water containing the beef to the boil, season to taste with salt and pepper, and draw stock from the mixture by boiling it for 1½ hours. Add the French beans, the string beans, the potato and the celeriac to the stock and boil for a further 25 minutes. Add the leek, the haricot beans and herbs, season with salt and pepper, and ensure that it is nice and hot. Serve immediately.

Stamppotten & andere hoofdgerechten
Hotchpotches & other main courses

Rodekool met bloedworst en appel |
Red cabbage with black pudding and apple

Voor 4 personen | For 4 people

1 kleine rodekool (± 800 g), fijn geschaafd | zout | 1 laurierblad | 5 kruidnagels | 3 zure appels | 2 eetlepels donkere basterdsuiker | peper | 1 eetlepel kruidenazijn | 50 g boter | 3 dikke plakken bloedworst (± 1,5 cm) | 1 eetlepel bloem |

1 small red cabbage (± 800 g / 1 lb. 12 oz.), finely shredded | salt | 1 bay leaf | 5 cloves | 3 cooking apples | 2 tbsp soft brown sugar | pepper | 1 tbsp herb vinegar | 50 g (2 oz.) butter | 3 thick slices of black pudding (± 1.5 cm) | 1 tbsp flour |

Kook de kool 25 minuten in weinig water met zout, het laurierblad en de kruidnagels. Schil de appels, verwijder van 1 appel het klokhuis met een appelboor en snijd er 4 mooi plakken uit. Snijd de rest in stukjes. Verwijder van de rest van de appels de klokhuizen en snijd de parten in dunne partjes. Schep de appelstukjes en -partjes, de basterdsuiker, de azijn, de helft van de boter en peper naar smaak door de rode kool en stoof de groenten nog 15 minuten op een laag vuur. Verhit de rest van de boter in een koekenpan en bak de appelplakken aan beide kanten bruin. Neem ze uit de pan en houd ze warm. Bak de bloedworst aan beide kanten bruin en knapperig. Leg de appelplakken op de bloedworst. Strooi de bloem over de rode kool en laat de groenten al omscheppend binden. Lekker met gekookte aardappelen.

Boil the cabbage along with the bay leaf and the cloves in a little salted water for 25 minutes. Peel the apples, remove the core of one of the apples with a corer and cut four neat slices from this apple. Cut the rest of the apple into pieces. Remove the cores from the other apples and cut them into thin pieces. Add the apple, the soft brown sugar, the vinegar and half of the butter to the red cabbage, and season to taste. Stir well and simmer the mixture on a low heat for 15 minutes. Warm the rest of the butter in a frying pan and fry the 4 slices of apple until they are golden brown on both sides. Remove them from the pan and keep them warm. Fry the black pudding until crisp and brown on both sides. Lay the apple slices on the black pudding. Sprinkle the flour over the red cabbage and allow the vegetables to thicken while stirring. Delicious with boiled potatoes.

Boerenkoolstamppot | Kale hotchpotch

Voor 4 personen | For 4 people

1,5 kg kruimig kokende aardappelen, geschild en in stukken | zout | 20 g boter | 1 ui, gesnipperd |
1,2 kg boerenkool, schoongemaakt en fijngesneden | 1 rookworst | peper | piccalilly |
1.5 kg (3 lb. 5 oz.) floury potatoes, peeled and chopped | salt | 20 g (¾ oz.) butter | 1 onion, finely
chopped | 1.2 kg (2 lb. 10 oz.) kale, cleaned and finely chopped | 1 smoked sausage | pepper | piccalilli |

Kook de aardappelen in water met zout gaar. Smelt in een grote pan de boter en fruit de ui 3
minuten op een halfhoog vuur. Voeg in gedeelten de boerenkool toe en laat de groenten al
omscheppend slinken. Voeg 1,5 dl water en zout naar smaak toe en kook de boerenkool in
± 15 minuten gaar. Verwarm de worst 15 minuten in water dat tegen de kook wordt aangehouden.
Giet de aardappelen af en stamp ze fijn. Schep de boerenkool met een schuimspaan uit de pan
en schep de groenten door de aardappelen. Voeg zoveel van het kookwater van de groente toe dat
een smeuïge stamppot ontstaat. Breng op smaak met peper. Snijd de worst in plakjes en serveer
met de piccalilly bij de stamppot.

Boil the potatoes in salted water. Melt the butter in a large pan and fry the onion on a medium
heat for 3 minutes. Add the kale a little at a time and allow it to shrink while constantly stirring.
Add 150 mL (5½ fl.oz.) water, along with salt to taste, and boil the kale for 15 minutes until done.
Heat the sausage in simmering water for around 15 minutes. Drain the potatoes and mash them
fine. Scoop the kale from the pan using a skimmer, and stir it into the potato puree. Add as much
of the vegetable water as is necessary to produce a smooth hotchpotch. Season with pepper.
Cut the sausage into slices and serve with piccalilli along with the hotchpotch.

Hutspot met klapstuk en worst |
Hotchpotch with beef rib and sausage

Voor 4 personen | *For 4 people*

300 g klapstuk | 1 kg winterwortels, geschild | 1 kg kruimig kokende aardappelen, geschild en in stukken |
500 g uien, in halve ringen | zout | 1 rookworst, 250 g | 25 g boter | peper |
300 g (10½ oz.) beef rib | 1 kg (2 lb. 3 oz.) carrots, peeled | 1 kg (1 lb. 1 oz.) floury potatoes, peeled and
chopped | 500 g (1 lb. 1 oz.) onions, in half rings | salt | 1 smoked sausage, 250 g (8½ oz.) | 25 g (1 oz.)
butter | pepper |

Kook het vlees 2 uur in 3 dl water met een beetje zout. Snijd de wortels in plakjes van ½ cm en halveer ze. Voeg de aardappelen met de wortel, de ui en zout naar smaak aan het vlees toe. Leg de worst erop en kook alles, op een laag vuur, in ± 20 minuten gaar. Neem het vlees en de worst uit de pan. Snijd het vlees in stukjes en de worst in plakjes. Giet de groenten af maar vang het kookvocht op. Stamp de groenten fijn. Voeg de boter en zoveel van het kookvocht toe dat een smeuïge stamppot ontstaat. Schep het vlees erdoor en breng het gerecht op smaak met peper en zout. Verdeel de worst over de hutspot. Lekker met grove mosterd.

Boil the beef with a little salt in 300 mL (11 fl.oz.) water for 2 hours. Cut the carrots into slices ½ cm thick and chop these in half. Add the potatoes, carrots and onion to the meat and season to taste. Place the sausage on top of this and simmer the mixture on a low heat for around 20 minutes until everything is cooked through. Remove the meat and sausage from the pan. Cut the meat into pieces and the sausage into slices. Drain the potato and vegetables but catch the moisture. Mash the vegetable mixture until fine. Add the butter and as much of the vegetable water as needed to create a smooth puree. Stir the meat into this puree and season with salt and pepper. Divide the sausage among the plates. The dish is delicious with coarse mustard.

Bouwen op je bord
Tectonic plates

Nederland heeft weliswaar geen wereldberoemde culinaire reputatie, maar dat wil niet zeggen dat de Hollanders geen lekkere tradities hebben. Stamppotten bijvoorbeeld zijn onlosmakelijk verbonden met de Nederlandse eetcultuur. En zo gek is dat niet: een goed bereide smeuïge stamppot met een flink stuk spek, klapstuk, rookworst of gestoofd rundvlees en het onmisbare kuiltje jus is een echte traktatie.

Stamppotten zijn echte winterkost. Dat komt door de gebruikte ingrediënten zoals kool, wortel en uien. Die waren in de winter volop voorradig en het waren goede ingrediënten voor een smakelijke winterkost. Bovendien was stamppot lekker, gemakkelijk te bereiden en zorgde de combinatie met spek, vlees of worst voor een goed gevulde maag.

Hutspot is de oudste en meest bekende stamppot, die zelfs een eigen plek in de Nederlandse geschiedenisboekjes heeft. Op 3 oktober 1574 werd de stad Leiden bevrijd, waar al maanden hongersnood heerste als gevolg van de bezetting door de Spanjaarden. Het verhaal gaat dat een kleine jongen naar het kamp van de Spanjaarden was geslopen en daar een pot met een maaltijd van wortelen, uien, vlees en pastinaken had gevonden. Daardoor wisten de Leidenaars dat de

It is true that the Netherlands cannot pride itself on having a world-famous cuisine, but that does not mean that the Dutch have no delicious dishes. Stews, for example, are inextricably bound up with Dutch gastronomic culture. And that is not very surprising: a well-prepared smooth and creamy stew with a nice piece of bacon, brisket, smoked sausage or stewed beef and the essential gravy pool is a true delicacy.

Hotchpotch is real winter fare. This is because of the ingredients used, such as cabbage, carrots and onions. These were amply available in winter and were perfect ingredients for a nice winter dish. In addition, a hotchpotch was tasty, easy to prepare and the combination with bacon, meat or sausage ensured a well-filled stomach.

Hutspot is the oldest and best known hotchpotch, which has even earned its own place in the Dutch history books. On 3 October 1574, the city of Leyden was liberated from the Spaniards after months of famine caused by the Spanish siege. The story has it that a small boy furtively slipped inside the camp of the Spaniards and found a pot with a meal of carrots, onions, parsnips and meat. This told the people of Leyden that

34

Spanjaarden waren vertrokken. Deze hutspot wordt nog steeds jaarlijks geserveerd tijdens het grote feest rond Leidens Ontzet.

De Leidse hutspot wordt bereid zonder aardappelen, omdat die pas in de achttiende eeuw op het Hollandse menu kwamen. Sinds de aardappel zijn intrede deed, is het aantal stamppotvariaties alleen maar toegenomen. Ieder gezin heeft wel zijn eigen familierecept, tradities en herinneringen. Vraag een Nederlander naar de stamppot van zijn moeder en je krijgt verhalen over bergen bouwen, muurtjes metselen, riviertjes van jus tot op de rand van je bord en verstopte worstplakjes prikken op het bord van je buurman aan tafel ... Stamppot is voor de meeste Nederlanders méér dan alleen een maaltijd.

the Spaniards had definitively left. This *hutspot* is still served every year during the festivities on the occasion of the relief of Leyden.

The Leyden variety of hutspot is prepared without potatoes, because they did not appear on the Dutch menu until the eighteenth century. But since the advent of the potato, the number of hutspot varieties has only increased. Every family has its own recipe from way back, its traditions and memories. Ask any Dutchman about his mother's hotchpotch and he will tell you stories about making mountains, building walls, rivers of gravy to the rim of his plate and stealing slices of sausage from his neighbour's plate at the dinner table......... For most Dutch people hotchpotch is more than just a meal.

Hete bliksem met gehaktballetjes |
Stewed apples and potatoes with meatballs

Voor 4 personen | *For 4 people*

2 sneetjes witbrood, zonder korst | *1 dl melk* | *400 g rundergehakt* | *1 sjalot, gesnipperd* | *1 klein ei* |
nootmuskaat, versgemalen peper, zout | *1 kg kruimig kokende aardappelen, geschild en in stukken* |
250 g gerookt spek | *500 g zure appels, geschild en in stukken* | *500 g zoete appels, geschild en in stukken* |
40 g boter |

2 slices of white bread, crusts removed | *100 mL (3½ fl.oz.) milk* | *400 g (14 oz.) minced beef* | *1 shallot,*
chopped fine | *1 small egg* | *nutmeg, freshly ground pepper, salt* | *1 kg (2 lb 3 oz.) floury potatoes, peeled*
and chopped | *250 g (8½ oz.) smoky bacon* | *500 g (1 lb 1½ oz.) cooking apples, peeled and chopped* |
500 g (1 lb. 1½ oz.) eating apples, peeled and chopped | *40 g (1½ oz.) butter* |

Week het brood in de melk. Meng het gehakt met de sjalot, het ei, het uitgeknepen brood en nootmuskaat, peper en zout naar smaak. Vorm er kleine balletjes van. Doe de aardappelen, met zoveel water dat ze net niet onder staan, in een ruime pan. Leg het spek erop en verdeel de appels erover. Voeg zout naar smaak toe en kook alles in ± 20 minuten gaar. Verhit de boter en braad de gehaktballetjes rondom bruin en gaar. Neem het spek uit de pan, giet de rest af maar vang het kookvocht op. Snijd het spek in stukjes. Stamp de aardappelen en de appels door elkaar en voeg zoveel van het kookvocht toe dat een smeuïg mengsel ontstaat. Schep het spek erdoor en serveer met de gehaktballetjes.

Soak the bread in the milk. Mix the minced beef with the shallot and egg. Squeeze out the bread and add it to the mixture, along with nutmeg, salt and pepper to taste. Roll small balls of this mince mixture. Put the potatoes in a large pan and add water until the potatoes are almost but not quite covered. Lay the bacon on top, and spread the apples over this. Add salt to taste and boil everything for 20 minutes until done. Heat the butter and fry the meatballs until they are brown and cooked through. Take the bacon out of the pan, drain the rest, but catch the moisture. Cut the bacon into pieces. Mash the potatoes and apples together and add as much of the vegetable moisture as is necessary to produce a smooth mixture. Stir in the bacon and serve along with the meatballs.

Andijviestamppot met kaas en spekjes |
Endive hotchpotch with cheese and bacon

Voor 4 personen | *For 4 people*

*1,5 kg kruimig kokende aardappelen, geschild en in stukken | zout | 100 g gerookt spek, in reepjes |
500 g andijvie, fijngesneden | 25 g boter | ± 1,5 dl warme melk | 100 g belegen Goudse kaas, in kleine
blokjes | versgemalen peper, nootmuskaat |*

*1.5 kg (3 lb.5 oz.) floury potatoes, peeled and chopped | salt | 100 g (3½ oz.) smoky bacon, in thin slices |
500 g (1 lb. 1 oz.) endive, finely chopped | 25 g (1 oz.) butter | ± 150 mL (5½ fl.oz.) warm milk | 100 g (3½
oz.) mature Gouda cheese, in small cubes | freshly ground pepper, nutmeg |*

Kook de aardappelen in water met zout in ± 20 minuten gaar. Bak intussen de spekreepjes in een
droge koekenpan uit. Giet de aardappelen af. Stamp ze fijn en schep er de andijvie, de boter en
zoveel van de melk door dat een smeuïge stamppot ontstaat. Schep er de spekjes, de kaas en peper
naar smaak door. Rasp er nootmuskaat over en serveer direct.

Boil the potatoes in salted water for around 20 minutes. While this is happening, fry the bacon
slices in a pan without extra oil. Drain the potatoes. Mash them, and mix in the endive, butter and
as much of the milk as is needed to make a smooth puree. Stir in the bacon and cheese, along with
pepper to taste. Grate nutmeg over the hotchpotch and serve immediately.

Zuurkoolstamppot | Sauerkraut hotchpotch

Voor 4 personen | For 4 people

1,5 kg kruimig kokende aardappelen, geschild en in stukken | zout | 600 g zuurkool | 40 g boter |
± 400 g verse worst of 4 saucijzen | 1,5 dl warme melk |
1.5 kg (3 lb 5 oz.) floury potatoes, peeled and chopped | salt | 600 g (1 lb. 5 oz.) sauerkraut | 40 g (1½ oz.)
butter | ± 400 g (14 oz.) fresh butcher's sausage or 4 sausages | 150 mL (5½ fl.oz.) warm milk |

Doe de aardappelen met een laagje water en zout naar smaak in een ruime pan en verdeel de zuurkool erover. Kook het geheel in ± 20 minuten gaar. Verhit de boter en braad de worstjes rondom bruin aan. Temper het vuur en laat de worstjes in ± 15 minuten helemaal gaar bakken. Giet de aardappelen met de zuurkool af en stamp ze door elkaar. Voeg zoveel melk toe dat een smeuïge stamppot ontstaat. Blus het bakvet af met 1,5 dl water en serveer de jus met de worstjes bij de stamppot.

Place the potatoes in a covering of water in a large pan, with salt to taste, and spread the sauerkraut over this layer. Boil this mixture for around 20 minutes. Heat the butter and fry the sausages until they are nice and brown. Turn down the heat and let the sausages fry gently for around 15 minutes until they are cooked through. Drain the potato-sauerkraut mixture and mash it fine. Add as much milk as is necessary to create a smooth hotchpotch. Quench the frying fat with 150 mL of water. Serve the sausages and this gravy along with the hotchpotch.

Asperges met ham en ei | Asparagus with ham and egg

Voor 4 personen | *For 4 people*

2 kg witte asperges | zout | 750 g krielaardappeltjes, geschrapt | 4 eieren | 100 g boter |
200 g achterham | nootmuskaat |
2 kg (4 lb 6 oz.) white asparagus | salt | 750 g (1 lb. 10 oz.) small potatoes, scraped | 4 eggs |
100 g (3½ oz.) butter | 200 g (7 oz.) ham | nutmeg |

Schil de asperges van het kopje naar beneden met een dunschiller. Breek het onderste stugge stukje (± 3 cm) eraf en kook de asperges in water met zout, afhankelijk van de dikte, in 15-20 minuten gaar. Kook de krieltjes in ± 20 minuten gaar. Kook de eieren in ± 8 minuten hard. Pel ze en snijd ze in kwarten. Smelt de boter. Giet de asperges en de krieltjes af. Leg de asperges op een schaal. Verdeel de ham er in roosjes omheen en leg de eikwarten ertussen. Rasp er nootmuskaat over en serveer met de krieltjes en de gesmolten boter.

Peel the asparagus from the head downward using a parer. Break the lower, rigid part of the stem (3 cm) off, and boil the asparagus in salted water for 15-20 minutes, depending on the thickness of the stems. Boil the potatoes for around 20 minutes, until done. Hard boil the eggs. Peel them and quarter them. Melt the butter. Drain the asparagus and potatoes. Lay the asparagus on a dish. Divide the ham into roses around them, and place the egg quarters between them. Grate nutmeg over the plate and serve with the potatoes and melted butter.

Koningin van de groenten
Queen of vegetables

Het witte goud, zo worden de asperges die traditioneel op de Brabantse en Limburgse zandgronden worden geteeld, ook wel genoemd. Asperges groeien al sinds de middeleeuwen in Nederland. In eerste instantie werden ze geteeld voor medicinale doeleinden, later ook voor consumptie. Opmerkelijk is dat de eerste asperges vooral in het noorden en het Westland werden geteeld, speciaal door de wat meer welgestelde boeren. Pas na de Tweede Wereldoorlog verhuisde de asperge-teelt naar het zuiden van het land.

De roomwitte asperges worden in heuveltjes aarde geteeld en van half april – als de koekoek zich weer laat horen – tot 24 juni, de dag van Sint Jan, geoogst. Daarna moet de plant weer krachten opdoen om het volgend jaar opnieuw mooie asperges te geven. Het exclusieve karakter van de asperge is dus mede het gevolg van het feit dat de groente slechts zo'n korte tijd van het jaar vers te koop is. Rond de oogst van de witte asperges worden allerlei feesten georganiseerd. Het eerste kistje wordt met veel tamtam geveild en de opbrengst van dit kistje komt altijd ten goede aan een goed doel. Er wordt zelfs een aspergekoningin en ambassadeur gekozen die zich inzetten voor de promotie van 'het witte goud'.

White gold: this is a name occasionally used for asparagus, which is traditionally cultivated in the sandy areas of the southern provinces of Brabant and Limburg. Asparagus has been grown in this country since the Middle Ages, initially for medicinal purposes but later also for consumption. It is noteworthy that the first asparagus was mainly grown in the North of the country and in Westland, an area south of The Hague, particularly by more affluent farmers. It was not until World War II that the cultivation of asparagus moved to the South.

The creamy white asparagus is cultivated in low ridges of earth and harvested from mid-April – when the cuckoo makes itself heard again – to 24 June, St John's Day. After that the plant has to gain new strength in order to produce beautiful asparagus once again the following year. So the asparagus partly owes its exclusive character to the fact that, as a fresh vegetable, it is only available during a very brief period. During the white asparagus harvest season, all sorts of festivities are organized. A big event is made out of the auction of the first crate, of which the proceeds always go to a good cause. There is even an election of an Asparagus Queen and an Ambassador, who will devote themselves to the promotion of the 'white gold'.

Roomwitte asperges van de beste kwaliteit hebben een heel zachte en verfijnde smaak, die het beste tot zijn recht komt als de groente in al z'n eenvoud wordt geserveerd. Klassiek is de combinatie met gekookte eieren en gesmolten boter. Groene asperges komen van eenzelfde plant als de witte, maar groeien boven de grond. Onder invloed van het zonlicht kleuren ze groen. Daardoor is de smaak wat pittiger en zijn ze het hele jaar door verkrijgbaar. Groene asperges zijn lekker in roerbakgerechten en salades omdat ze zich gemakkelijk met andere ingrediënten laten combineren. Ze hoeven ook niet te worden geschild. Ook typisch Nederlands: de schillen en de afgesneden onderste stukjes van witte asperges worden gebruikt voor de bereiding van asper- gesoep.

Creamy white asparagus of superior quality has a very mellow and refined taste, which comes out to best advantage when served in all its simplicity, as in the classic combination with boiled eggs and melted butter for example. Green asparagus comes from a plant similar to the white variety, but grows above ground where it gets a green colour under the influence of sunlight. Consequently it has a slightly spicier flavour and is available throughout the year. Green asparagus is delicious in stir-fry dishes and in salads, because it is easily combined with other ingredients. Besides, there is no need to peel it. Typically Dutch: use the peel and the cut off bottom pieces of white asparagus to prepare asparagus soup.

Kapucijnertafel/raasdonders | Marrowfat peas

Voor 4 personen | *For 4 people*

4 uien, gepeld | 1 eetlepel olie | 400 g speklappen, in dobbelstenen | 2 eetlepels ketjap manis | 1 eetlepel gembersiroop | peper, zout | 800 g kapucijners (diepvries of uit pot) | 250 g gerookt vetspek, in plakjes | 4 zoetzure augurken, fijngehakt | 100 g zoetzure zilveruitjes, uitgelekt | 150 g piccalilly |

4 onions, peeled | 1 tbsp of oil | 400 g (14 oz.) gammon, diced | 2 tbsp ketjap manis (sweet Indonesian soy sauce) | 1 tbsp ginger syrup | salt, pepper | 800 g (1 lb 12 oz.) marrowfat peas (deepfrozen or from a pot) | 250 g (8½ oz.) streaky bacon, in slices | 4 pickled gherkins, finely chopped | 100 g (3½ oz.) pickled cocktail onions, drained | 150 g (5 oz.) piccalilli |

Snipper 2 uien en snijd de rest in ringen. Bak de uienringen in de hete olie bruin. Bak de speklapjes in een koekenpan met antiaanbaklaag bruin. Voeg de ketjap, de gembersiroop en peper en zout naar smaak toe en laat het vlees in ± 20 minuten op een laag vuur gaar bakken. Kook de kapucijners in water met zout gaar of verwarm de kapucijners uit pot. Bak het vetspek knapperig uit. Giet de kapucijners af en schep er 3 eetlepels van het spekvet door. Serveer met het vlees, het spek, de gesnipperde ui, de uienringen, de augurk, de zilveruitjes en de piccalilly.

Chop 2 onions fine and cut the rest into rings. Fry the onion rings in hot oil until brown. Fry the gammon in a non-stick frying pan until brown. Add the ketjap, the ginger syrup, and salt and pepper to taste, and fry further on a low heat for 20 minutes. Boil the marrowfat peas in salted water, or heat up the marrowfat peas from a pot. Fry the streaky bacon until crisp. Drain the marrowfat peas, and stir in 3 tbsp of the bacon fat. Serve with the gammon, bacon, the chopped onion, the onion rings, the gherkins, cocktail onions, and piccalilli.

Blote billetjes in het gras (witte boontjes en snijbonen) |
Shelled haricots with French beans

Dit gerecht heeft vele namen: naakte kindertjes in het gras, blote billetjes in het groen, blote mannetjes of blote billetjes in 't veld. Deze combinatie van snijbonen en witte bonen wordt van oudsher op nieuwjaarsdag gegeten. Erbij serveer je rookworst en gekookte aardappelen.
This dish has many nicknames: bare children in the grass, bare buttocks among the greenery, bare boys, or bare buttocks in the field. This combination of haricot beans and French beans is traditionally eaten on New Year's Day. Smoked sausage and boiled potatoes are usually served with the beans.

Voor 4 personen | For 4 people
200 g gedroogde witte bonen | 1 ui, gepeld en in stukken | 1 laurierblad | 3 kruidnagels | zout |
400 g snijbonen | peper | 25 g boter |
200 g (7 oz.) dried haricot beans | 1 onion, peeled and quartered | 1 bay leaf | 3 cloves | salt |
400 g (14 oz.) string beans | pepper | 25 g (¾ oz.) butter |

Week de bonen 8 uur in 1 liter koud water. Kook ze in het weekwater met de ui, het laurierblad en de kruidnagels in ± 45 minuten gaar. Voeg 15 minuten voor het einde van de kooktijd zout naar smaak toe. Haal intussen de snijbonen af en snijd ze in ruitjes. Kook ze in ± 10 minuten in water met zout beetgaar. Giet ze af. Verwijder de ui, het laurierblad en de kruidnagels uit de bonen en giet de bonen af. Schep de snijbonen met de boter door de witte bonen en breng op smaak met peper.
Soak the beans in 1 litre of cold water for 8 hours. Boil them in fresh water with the onion, the bay leaf and the cloves for 45 minutes. Add salt to taste around 15 minutes prior to the end of this period. Clean the string beans and cut them into longish diagonal segments. Boil them in salted water for around 10 minutes, and drain off. Remove the onion, the bay leaf and the cloves from the beans, and drain. Stir the string beans and the butter into the haricots and season with pepper.

Spekpannenkoeken | Bacon pancakes

Ervaren baksters keren de pannenkoeken door ze omhoog te gooien en omgekeerd weer in de pan op te vangen. Het is dan belangrijk dat de pannenkoek goed los ligt. Schud de pan van tevoren zodat je er zeker van bent dat de pannenkoek niet blijft plakken.

Expert bakers turn the pancakes by flipping them in the air and catching them, turned, in the pan. In that case, it is important that the pancake should lie loosely in the pan. So shake the pan first to be sure that the pancake is not sticking to the pan.

Voor 8 stuks | For 8 pancakes
300 g zelfrijzend bakmeel | zout | 1 ei | 0,5 liter melk | boter om in te bakken |
24 plakjes ontbijtspek | stroop |
300 g (10½ oz.) self-raising flour | salt | 1 egg | ½ litre milk | butter for frying |
24 slices of bacon | syrup |

Klop een egaal beslag van het bakmeel, een mespunt zout, het ei en de melk. Smelt een klein klontje boter in een koekenpan met antiaanbaklaag. Leg 3 plakjes spek in de pan. Laat het spek even bakken. Schep er 1/8 deel van het beslag op en laat het beslag in de pan uitlopen. Keer de pannen-koek wanneer de onderzijde lichtbruin en de bovenzijde droog is. Bak ook de andere kant lichtbruin. Bak de rest van de pannenkoeken op dezelfde manier. Serveer met de stroop.

Whisk a smooth batter using the flour, a pinch of salt, the egg, and the milk. Melt a little knob of butter in a non-stick frying pan. Place three rashers of bacon in the pan, and fry them briefly. Spoon one eighth of the batter into the pan and spread it over the bottom of the pan. Turn the pancake when the underside has become light-brown and the top is dry. Bake this side until it is golden brown. Bake the rest of the pancakes in the same way. Serve with syrup.

Bruine bonen met spek en appelmoes |
Kidney beans with bacon and apple sauce

Voor 4 personen | *For 4 people*

300 g gedroogde bruine bonen | *zout* | *4 zoete appels, geschild en in partjes* | *2 theelepels kaneelpoeder* | *3 eetlepels suiker* | *250 g magere spekreepjes* | *3 uien, in ringen* |
300 g (10½ oz.) dried kidney beans | *salt* | *4 eating apples, peeled and cut into pieces* | *2 tsp of cinnamon powder* | *3 tbsp of sugar* | *250 g (8½ oz.) lean bacon* | *3 onions, in rings* |

Week de bonen ± 8 uur in ruim koud water. Breng ze met het weekwater aan de kook en kook ze ± 1 uur. Voeg zout naar smaak toe en kook ze in nog ± 30 minuten gaar. Kook de appel met het kaneelpoeder, de suiker en ½ dl water ± 10 minuten en roer het vervolgens goed door. Bak de spekreepjes in een koekenpan met antiaanbaklaag uit en schep ze uit de pan. Bak de uien in het bakvet goudgeel en glazig. Giet de bonen af. Verdeel de uien en de spekjes erover en serveer met de appelmoes. Lekker met gekookte kruimige aardappelen.

Soak the beans in lots of cold water for around 8 hours. Boil them in fresh water and let them simmer for around 1 hour. Add salt to taste, and boil for a further 30 minutes. Boil the apple with the cinnamon, sugar, and 50 mL (2 fl.oz.) water for around 10 minutes and then stir well. Fry the bacon in a non-stick frying pan and lay it on a plate. Fry the onions in the same fat until they are golden yellow and glazed. Drain the beans. Spread the onions and the bacon over the beans and serve with the apple sauce. Delicious with boiled floury potatoes.

Stoofpeertjes | Stewed pears

Voor 4 personen | *For 4 people*

1 kg stoofperen (bijv. Gieser Wildeman), geschild | *3 kruidnagels* | *¼ citroen* | *2 dl rode wijn of rode port* |
1 kaneelstokje | *60 g suiker* | *1 eetlepel aardappelmeel* |
1 kg (2 lb. 3 oz.) stewing pears (such as Gieser Wildeman), peeled | *3 cloves* | *¼ lemon* | *200 mL (7 fl.oz.)*
red wine or red port | *1 cinnamon stick* | *60 g (2 oz.) sugar* | *1 tbsp potato flour* |

Halveer de peren, verwijder de klokhuizen en de steeltjes. Prik de kruidnagels in de citroen. Breng
de peren met de wijn, de citroen, het kaneelstokje en de suiker aan de kook en kook de peertjes
in ± 2 uur helemaal gaar. Schud de peertjes regelmatig om zodat ze rondom mooi rood worden.
Neem de peertjes uit het kookvocht en leg ze in een schaal. Verwijder de citroen en het kaneelstokje. Bind het kookvocht met het met wat water aangelengde aardappelmeel.

Halve the pears, remove the cores and the stalks. Prick the cloves into the lemon. Bring the pears
with the wine, the lemon, cinnamon stick and the sugar to the boil and simmer for 2 hours. Shake
up the pears regularly so that they become attractively red all over. Remove the pears from the
liquid and place them in a dish. Remove the lemon and the cinnamon stick. Thicken the liquid with
potato flour mixed with a little water to enhance absorption.

Tip De stoofpeertjes worden warm of koud geserveerd bij wild en lamsvlees. Maar je kunt ook de
helften waaiervormig insnijden en dan als dessert serveren met een bol ijs.

Tip You can serve the stewed pears either warm or cold with game or lamb. But you can also make
fan-shaped incisions in the pear halves and serve with ice cream.

Verhollandste nasi | Dutch nasi

Voor 4 personen | For 4 people

*350 g rijst | zout | 4 eetlepels plantaardige olie | 250 g kipfilet, in kleine stukjes | 1 ui, gesnipperd |
2 teentjes knoflook, gesnipperd | 0,5 theelepel trassi | 1,5 theelepel gemalen korianderzaad | 1 theelepel
gemalen laos | 0,5 theelepel gemalen komijn | 1,5 theelepel sambal oelek | 150 g doperwten (diepvries) |
1 prei, in ringen | 2 eetlepels ketjap asin | 100 g gepelde garnalen | 50 g ham, in reepjes | 4 eieren |
2 eetlepels fijngesneden bladselderij |*

*350 g (12 oz.) rice | salt | 4 tbsp vegetable oil | 250 g (8½ oz.) chicken fillet, in small pieces | 1 onion,
chopped fine | 2 cloves of garlic, chopped fine | ½ tsp trassi (shrimp paste) | 1½ tsp ground coriander |
1 tsp laos powder | ½ tsp ground cumin | 1½ tsp sambal 'oelek / ulek' (chilli sauce) | 150 g (5½ oz.) peas
(deepfreeze) | 1 leek, in rings | 2 tbsp ketjap asin (salty Indonesian soy sauce) | 100 g (3½ oz.) peeled
shrimps | 50 g (2 oz.) ham, in narrow pieces | 4 eggs | 2 tbsp finely chopped celery |*

Kook de rijst in water met zout gaar en laat hem helemaal afkoelen. Verhit 3 el van de olie in een
wok of ruime braadpan en bak de kip al omscheppend bruin. Bak de ui en de knoflook al omscheppend mee. Schep de trassi, de koriander, de laos, de komijn en de sambal erdoor en bak alles
5 minuten. Schep de doperwten erdoor en bak even mee. Voeg de rijst, de prei, de ketjap, de
garnalen en de ham toe en roerbak alles totdat de nasi door en door heet is. Bak gelijktijdig in de
rest van de olie 4 spiegeleieren. Schep de selderij door de nasi en serveer de nasi met de gebakken
eieren. Lekker met kroepoek.

Boil the rice in salted water until it is done, and allow it to cool completely. Heat 3 tbsp of oil in a
wok or large frying pan and stir-fry the chicken until golden brown. Fry the onion and garlic with the
chicken. Add the trassi, coriander, laos, cumin and the sambal and heat everything for a further five
minutes. Add the peas and fry briefly. Add the rice, leek, ketjap, shrimps and strips of ham, and
stir-fry until this nasi is thoroughly hot. At the same time, fry four eggs, sunny side up, in another
pan. Stir the celery into the nasi and serve with the fried eggs. Delicious with prawn crackers.

Hollandse Nieuwe
'Hollandse Nieuwe': Dutch early-season herring

Elk jaar in mei is het feest in de Nederlandse haven-steden als de Hollandse Nieuwe of Maatjesharing arriveert. De naam Maatjesharing is een verbastering van maagdenharing; het is vis die nog geen hom of kuit (viseitjes) bevat en dus nog niet geslachtsrijp is. In de winter is de vis mager, maar in het voorjaar begint hij te groeien. Als de haring een vetpercentage van 16% heeft bereikt, mag hij worden gevangen. Toch is het dan nog steeds geen echte Hollandse Nieuwe. Dat is namelijk ook nog afhankelijk van de manier waarop de vis wordt bereid. Echte Hollandse Nieuwe moet op de traditio-nele Hollandse manier worden gekaakt (ontdaan van kieuwen en ingewanden), is gezouten, gerijpt en op de juiste manier gefileerd.

Op de jaarlijkse Vlaggetjesdag wordt in Scheveningen het eerste vaatje nieuwe haring bij opbod verkocht. De vaak enorm hoge opbrengst gaat naar een goed doel. Vanaf dat moment is de nieuwe haring overal volop verkrijgbaar, al wordt hij niet in alle plaatsen op de-zelfde manier gegeten. Een Amsterdammer eet het liefst een dikke, malse doorgerijpte en in stukjes gesneden haring met gesnipperde uien en augurk, terwijl de Rotterdammer het liefst een klein, licht-gezouten harinkje aan zijn staart pakt en naar binnen laat glijden. Een borrel hoort er ook bij. Korenwijn,

Every year in May, the arrival of the first catch of the *Hollandse Nieuwe* ('Dutch New') or *Maatjes-haring*, the early season herring, is celebrated in the Dutch fishing ports. The name *Maatjesharing* is a corruption of *maagdenharing* (*maagd* = virgin); it is fish that has no soft or hard roe (fish eggs) and conse-quently cannot yet reproduce. In winter the fish is still lean, but in spring it starts to grow. As soon as the fish has a fat content of 16 %, it may be caught. However, even then it still is no real *Hollandse Nieuwe*. The fact is that this also depends on the way the fish is prepared. Real *Hollandse Nieuwe* must be gutted in the traditional Dutch way, and salted, matured and filleted in the correct manner.

On 'Flags' Day', the first keg of new herring is sold by auction in Scheveningen. The proceeds – usually an enormous amount of money – go to a good cause. From that moment onwards the new herring is available in abundance all over the country, although it is not consumed in the same way everywhere. People in Amsterdam prefer a fat, tender and mature herring, cut in small pieces with chopped onions and gherkin, whereas a Rotterdammer likes to take a small, lightly salted herring by the tail and bite it down. A drink ought to go with it: regular Dutch gin or corn wine – another

jenever, wodka en aquavit zijn populaire begeleiders, maar ook witbier, een droge sherry of appelcider smaken uitstekend bij een Hollandse Nieuwe.

Maar er is meer dan alleen nieuwe haring. Nederland kent nog heel veel andere haringspecialiteiten. Bokking of bokkem bijvoorbeeld, een koud- of warmgerookte haring die ook wel stro-, stoom- of spekbokking wordt genoemd. Ook panharing, een gebakken haring ingelegd in azijn, en rolmops, een met augurk opgerolde gefileerde haring in het zuur, worden van haring gemaakt. Het zijn stuk voor stuk typisch Nederlandse delicatessen die de moeite van het proberen zeker waard zijn!

kind of gin –, vodka, and aquavit are popular chasers, but white beer, a dry sherry or cider also go very well with a Dutch new herring.

But there is more than just early-season herring. Holland offers a great variety of other herring specialities. *Bokking* or *bokkem*, for example, is a kind of bloater smoked cold or hot, and is also called 'straw', 'steam' or 'fat' bloater. Then there is pickled herring, and *rolmops*, a filleted pickled herring rolled round a gherkin. Every one of them typically Dutch delicacies that are definitely worth a try!

Haringsalade | Herring salad

Voor 4 personen | For 4 people

750 g vastkokende aardappelen, geschild | zout | 4 Hollandse nieuwe haringen, schoongemaakt |
5 eetlepels zonnebloemolie | 2 eetlepels witte wijnazijn | 2 eetlepels grove mosterd | 0,5 dl tuinkruiden-
bouillon | peper | 1 ui, gesnipperd | 4 zoetzure augurken, in plakjes | 6 eetlepels fijngehakte dille |
750 g (1 lb. 10 oz.) waxy potatoes, peeled | salt | 4 early-season salted herrings (Hollandse nieuwe),
cleaned | 5 tbsp sunflower oil | 2 tbsp white wine vinegar | 2 tbsp coarse mustard | 50 mL (2 fl.oz.) garden
herb stock | pepper | 1 onion, finely chopped | 4 pickled gherkins, in slices | 6 tbsp finely chopped dill |

Kook de aardappelen in water met zout gaar. Giet ze af, laat ze uitdampen en afkoelen. Snijd ze in
plakjes. Snijd de haringen in schuine stukjes. Roer een dressing van de olie, de azijn, de mosterd,
de bouillon en peper en zout naar smaak. Schep de aardappelplakjes met de haring, de ui, de
augurk, de dressing en de dille voorzichtig door elkaar. Serveer direct.

Boil the potatoes in salted water. Drain them, allow them to steam off and cool down. Then cut
them into pieces. Cut the herring diagonally into pieces. Stir in a dressing made of the sunflower oil,
vinegar, mustard and stock, with seasoning to taste. Carefully mix the potato with the herring,
onion, gherkin, dressing, and dill. Serve immediately.

Bietensalade | Beetroot salad

Voor 4 personen | *For 4 people*

500 g vastkokende aardappelen, gekookt en afgekoeld | *500 g gekookte bieten, ontveld* | *1 zure appel, geschild* | *4 zoetzure augurken* | *2 eieren, hardgekookt en gepeld* | *300 g cornedbeef* | *0,5 dl mayonaise* | *0,5 dl slasaus* | *peper, zout* | *4 blaadjes kropsla, gewassen en gedroogd* |

500 g (1 lb. 1 oz.) waxy potatoes, boiled and cooled | *500 g (1 lb. 1 oz.) boiled beetroot, skinned* | *1 fresh-sour apple, peeled* | *4 pickled gherkins* | *2 eggs, hard-boiled and peeled* | *300 g (10½ oz.) corned beef* | *50 mL (2 fl.oz.) mayonnaise* | *50 mL (2 fl.oz.) salad cream* | *salt, pepper* | *4 leaves of lettuce, washed and dried* |

Snijd de aardappelen in kleine blokjes. Rasp de bieten en de appel grof. Hak de augurken en de eieren fijn. Snijd de cornedbeef in stukjes. Schep de aardappelen met de bieten, de appel, de cornedbeef, de augurk, het ei, de mayonaise, de slasaus en peper en zout naar smaak door elkaar. Leg de slabladen op een schaal en schep de salade erop. Lekker met witbrood.

Cut the potato into small cubes. Coarsely grate the beetroot and apple. Chop the gherkins and eggs into small pieces and cut the corned beef into slightly larger pieces. Mix the potato, beetroot, apple, corned beef, gherkin, egg, mayonnaise, salad cream, and seasoning to taste. Lay the lettuce leaves on a dish and scoop the salad on top. Delicious with white bread.

Vlees & vis *Meat & fish*

Hachee | Hash

Voor 4 personen | For 4 people

30 g boter | 750 g doorregen runderlappen of lamslappen, in dobbelstenen | peper, zout | 500 g uien, in ringen | 1,5 eetlepel bloem | 0,5 liter runderbouillon | 2 eetlepels azijn | 2 laurierblaadjes | 3 kruidnagels |
30 g (1 oz.) butter | 750 g (1 lb. 10 oz.) streaked braising steak or lamb, diced | salt, pepper | 500 g (1 lb. 1 oz.) onions, in rings | 1½ tbsp flour | ½ litre (18 fl.oz.) beef stock | 2 tbsp vinegar | 2 bay leaves | 3 cloves |

Verhit de boter in een braadpan en bak het vlees al omscheppend bruin. Bestrooi met peper en zout naar smaak. Bak de ui al omscheppend 3 minuten mee. Strooi de bloem erover, schep alles goed om en laat nog 3 minuten op een laag vuur bakken. Voeg de bouillon, de azijn, de laurier en de kruidnagels toe en stoof het vlees in 2,5-3 uur helemaal gaar. Neem de laurier en de kruidnagels uit de pan. Lekker met gekookte aardappelen en rodekool met appeltjes of stoofpeertjes.

Heat the butter in a braising pan and fry the meat, turning it regularly. Sprinkle with salt and pepper to taste. Add the onion for the last 3 minutes and fry this with the meat. Sprinkle the flour over the combination, stir it in and heat gently for another 3 minutes. Add the stock, vinegar, bay leaves and cloves, and braise the mixture for 2½-3 hours. Remove the bay leaves and cloves from the pan and serve. Delicious with boiled potatoes and red cabbage with apple or with stewed pear.

Tip Er wordt vaak een verkruimelde plak ontbijtkoek aan toegevoegd. Hierdoor krijg je een mooie gebonden saus en het geeft een lekker smaakje aan de hachee.

Tip A crumbled slice of gingerbread is often add to the hash. It produces a nicely thickened sauce and gives the hash an additional upbeat flavour.

Oma's oliestelletje
Granny's paraffin burner

Slow cooking is een van de nieuwste culinaire trends. In Nederland bestaat deze bereidingswijze al heel lang onder de naam stoven of sudderen. Groenten en vleesgerechten die op deze langzame wijze worden bereid, krijgen een heerlijke smaak en blijven lekker mals. Nederlandse oma's wisten dat al lang. In bijna elke keuken stond wel een ouderwets petroleumstelletje op het aanrecht, waar het draadjesvlees op werd bereid. Wie geen oliestelletje had, zette de pan gewoon op de kachel. Dat duurde weliswaar nóg iets langer, maar het resultaat was er niet minder om. De pan bleef de hele dag op het vuur staan zodat de geur in het hele huis te ruiken was.

Deze langzame bereidingsmethode is vooral geschikt voor vleesgerechten, omdat de lange gaartijd ervoor zorgt dat het vlees lekker mals en sappig blijft. Bovendien is stoven ook heel geschikt om het vlees van wat oudere dieren lekkerder te maken en daar was het de Nederlandse oma's vooral om te doen. Twee typisch Nederlandse gerechten die op deze wijze bereid worden zijn hachee en draadjesvlees; gestoofde runderlapjes met gesnipperde ui, kruidnagel en laurier. Een heerlijk geurend gerecht waarvan het vlees in draadjes uit elkaar valt. Doorregen runderlappen met een rand vet zijn hiervoor het meest geschikt.

Slow cooking is one of the latest culinary trends. In the Netherlands, however, this way of cooking has a long history under the name of stewing or simmering. Vegetables and meat dishes that are prepared in this slow way acquire a wonderful taste and remain nice and tender. Dutch grannies had known that for ages. In almost every kitchen there was an old-fashioned paraffin burner on which the stewed beef was prepared. If you did not have a paraffin burner, you simply put the pan on the living-room stove. True, this took even longer, but that did not affect the result in any way. The pan remained on the fire all day, so that the delicious smell spread throughout the house.

This slow method of preparation is particularly suitable for beef dishes, because the long time that it takes to stew the meat ensures that it remains nice and tender. Besides, stewing is an excellent way of making meat from somewhat older animals tastier, and this is precisely what Dutch grannies were after. Two typically Dutch dishes prepared in this way are hash and stewed beef, in this case stewed braising steak with chopped onion, cloves and bay leaves. It is a delicious flavoury dish, with the meat falling apart into tiny threads. Marbled braising steak with a rim of fat is particularly suitable.

En tegenwoordig? Nu worden er slow cookers verkocht. Dat is een aardewerken pot die in een bijbehorende houder met een verwarmingselement hangt en eigenlijk precies hetzelfde doet als het oude petroleumstelletje van oma: heel langzaam en op lage temperatuur garen. Op het fornuis duurt de bereiding van zo'n stoofgerecht 2,5 tot 3 uur, in de slow cooker of het oliestel duurt het een hele dag. In een oven kan het trouwens ook! Zet het vlees net zolang in een oven van 120 °C totdat het bijna vanzelf uit elkaar valt. Als het hele huis dan ruikt naar ouderwets suddervlees, serveer je het met een echte Hollandse stamppot of lekkere kruimige aardappelen met spruitjes.

And what about nowadays? Actually, so-called 'slow cookers' are being sold now. This is an earthenware pot suspended in an accompanying holder with a heating element, and does basically the same job as granny's old paraffin burner: stewing the beef very slowly at a low temperature. On the cooker it takes 2 ½ to 3 hours to prepare such a stew – in the slow cooker or on the paraffin stove it may take as much as a whole day. Incidentally, it can also be done in an oven! Leave the meat in an oven at 120 °C until it almost falls apart of its own accord. With the house smelling of old-fashioned stewed beef, you can serve it with a real Dutch hotchpotch or nice crumbly potatoes with Brussels sprouts.

Stoofaal | Braised eel

Voor 4 personen | For 4 people

1 kg aal, schoongemaakt en ontveld | 50 g boter, in stukjes | 3 eetlepels broodkruim | peper, zout |
4 plakjes citroen |
1 kg (2 lb. 3 oz.) eel, cleaned and skinned | 50 g (2 oz.) butter, in cubes | 3 tbsp breadcrumbs |
salt, pepper | 4 slices of lemon |

Snijd de aal in stukjes van ± 5 cm en spoel ze goed met koud water. Verdeel de boter over de bodem van de pan. Leg de aal erop en bestrooi met het broodkruim en peper en zout naar smaak. Verdeel de citroen erover en voeg 1-1,5 dl water toe. Breng alles aan de kook en houd het 7 minuten tegen de kook aan. Lekker met gekookte aardappelen en een groene salade.

Cut the eels into pieces of around 5 cm and rinse them well in cold water. Spread the butter across the bottom of a large pan. Place the eel in the pan and sprinkle it with breadcrumbs and seasoning to taste. Distribute the lemon and add 100-150 mL (3-5 fl.oz.) of water. Bring to the boil and simmer for 7 minutes. Delicious with boiled potatoes and a green salad.

Gekookte mosselen | Boiled mussels

Voor 4 personen | *For 4 people*

4 kg mosselen | *2 preien, in ringen* | *1 winterwortel, in plakjes* | *3 dl droge witte wijn* |
3 eetlepels grofgesneden bladselderij | *peper* |

4 kg (8 lb. 13 oz.) mussels | *2 leeks, in rings* | *1 carrot, sliced up* | *300 mL (11 fl.oz.) dry white wine* |
3 tbsp coarsely chopped celery | *pepper* |

Was de mosselen in koud water en verwijder kapotte mosselen en mosselen die niet sluiten.
Verdeel de mosselen, de prei, de wortel, de wijn en de selderij over twee pannen en bestrooi met
peper. Breng het vocht op een hoog vuur in een gesloten pan aan de kook en kook de mosselen in
5-7 minuten gaar. Schud de mosselen tussentijds een keer om. Neem de pannen van het vuur als
alle mosselen openstaan. Lekker met stokbrood en een cocktail- of een knoflooksaus.

Wash the mussels in cold water and remove those that are broken and those that do not close.
Divide the mussels, leek, carrot, wine and celery over two pans and sprinkle with pepper. Put a lid
on the pans, and bring the liquid to the boil as quickly as possible. Boil for 5-7 minutes, in which
time the mussels should be done. Shake or turn the mussels once or twice during this period.
Remove the pans from the stove when all the mussels have opened. Delicious with a baguette and
garlic or cocktail sauce.

Gestoofde kabeljauw met mosterdsaus |
Braised cod with mustard sauce

Voor 4 personen | For 4 people

1 sjalot, gesnipperd | 40 g boter, in stukjes | 500 g kabeljauwfilet | peper, zout | 1 eetlepel bloem |
1,5 dl slagroom | 1 dl visbouillon | 2 eetlepels grove mosterd | 2 eetlepels fijngehakte peterselie |
1 shallot, chopped fine | 40 g (1½ oz.) butter, in cubes | 500 g (1 lb 1 oz.) fillet of cod | salt, pepper |
1 tbsp flour | 150 mL (5 fl.oz.) cream | 100 mL (3½ fl.oz.) fish stock | 2 tbsp coarse mustard | 2 tbsp finely
chopped parsley |

Smelt de boter in een pan met dikke bodem en fruit de sjalot 3 minuten op een laag vuur. Spoel de vis af en dep hem droog. Bestrooi de vis met peper en zout naar smaak. Roer de bloem met een beetje slagroom los. Schenk dit met de bouillon en de rest van de slagroom in de pan en breng alles aan de kook. Leg de vis in de pan en stoof hem in ± 7 minuten op een heel laag vuur gaar. Neem de vis uit de pan en leg hem op een schaal. Roer de mosterd en de peterselie door de saus en schenk hem over de vis. Lekker met aardappelpuree en gekookte spinazie.

Melt the butter in a thick-bottomed pan and fry the shallot on a low heat for 3 minutes. Rinse the fish in fresh water and dab dry. Sprinkle with salt and pepper to taste. Stir the flour with a little cream until the flour begins to dissolve. Pour this along with the stock and the rest of the cream into the pan and bring it to the boil. Lay the fish in the pan and braise it on a low heat for around 7 minutes until it is cooked. Take the fish out of the pan and lay it on a dish. Stir the mustard and parsley through the sauce and pour it over the fish. Delicious with mashed potato and boiled or steamed spinach.

Nagerechten *Desserts*

Griesmeelpudding met bessensap |
Semolina pudding with currant juice

Voor 4 tot 6 personen | For 4 to 6 people

1 citroen | 9 dl melk | 90 g griesmeel | 125 g suiker | zout | 3 dl bessensap | 1 kaneelstokje | 1 volle eetlepel
aardappelmeel | extra nodig: puddingvorm met een inhoud van 1 liter |

1 lemon, zest only | 900 mL (1 pt. 12 fl.oz.) milk | 90 g (3 oz.) semolina | 125 g (4½ oz.) sugar | salt |
300 mL (11 fl.oz.) currant juice | 1 cinnamon stick | 1 full tbsp of potato flour | 50 mL (2 fl.oz.) water |
extra: pudding bowl with a capacity of 1 litre |

Was de citroen en schil de gele schil er dun af. Breng de melk met de helft van de citroenschil en een mespuntje zout tegen de kook aan en laat de melk ± 15 minuten zachtjes trekken. Roer het griesmeel met 75 g van de suiker door elkaar. Neem de citroen uit de melk en voeg al roerende het griesmeelmengsel toe. Blijf roeren en kook het ± 8 minuten op een laag vuur. Spoel de vorm om met koud water en schenk het griesmeelmengsel erin. Laat de pudding in ± 2 uur helemaal opstijven. Breng het bessensap met 0,5 dl water, de rest van de suiker, de rest van de citroenschil en het kaneelstokje aan de kook en laat dit 15 minuten op een laag vuur trekken. Verwijder de schil en het stokje. Roer het aardappelmeel met 1 eetlepel koud water los en voeg het al roerende aan het bessensap toe. Laat het sap al roerende binden. Neem de pan van het vuur en laat de saus afkoelen. Stort de pudding op een schaal. Lepel er een beetje van de saus over en geef de rest er apart bij.

Scrub the lemon and peel off the zest. Bring the milk and half of the lemon zest, with a pinch of salt, to the boil and let the milk simmer for 15 minutes to acquire the flavour of the zest. Mix the semolina with 75 g (2½ oz.) of the sugar. Remove the lemon from the milk and add the semolinasugar mix while stirring. Continue stirring and simmer for around 8 minutes on a low heat. Rinse the pudding bowl in cold water and pour the semolina mixture into it. Allow the pudding to set for around 2 hours. Bring the currant juice, the 50 mL water, the rest of the sugar, the rest of the lemon zest, and the cinnamon stick to the boil and simmer for 15 minutes to combine the flavours. Remove the zest and the cinnamon stick. Add 1 tbsp of cold water to the potato flour and stir until the potato flour begins to dissolve. Add this to the currant juice, stirring constantly. The juice will thicken during stirring. Remove the pan from the flame and allow the sauce to cool. Tip the pudding onto a dish. Spoon a little sauce over the pudding, and serve the rest separately with the portions.

Schoenlapperspudding | Shoemaker's pudding

Voor 6-8 personen | For 6-8 people

500 g zure (moes)appelen, geschild en in stukjes | 250 g oud witbrood zonder korst, verkruimeld | 100 g kristalsuiker | 1 theelepel gemalen kaneel | 40 g boter | 4 eieren, gesplitst | extra nodig: puddingvorm met deksel |

500 g (1 lb. 1 oz.) cooking apples, peeled and cut into pieces | 250 g (8½ oz.) old white bread, as breadcrumbs | 100 g (3½ oz.) granulated sugar | 1 tsp ground cinnamon | 40 g (1½ oz.) butter | 4 eggs, separated | extra: pudding bowl (oven dish) with lid |

Kook de appels in 1 dl water tot moes. Klop intussen de eierdooiers lichtgeel en romig. Klop de eiwitten in een vetvrije kom stijf. Smelt de boter. Bestrijk de puddingvorm met boter en bestrooi met 50 g van het broodkruim. Roer de rest van het broodkruim, de suiker, de kaneel, de eierdooiers, het eiwit en de rest van de boter door de appelmoes en doe het mengsel over in de puddingvorm en sluit hem. Kook de pudding in een ruime pan met kokend water in ± 1,5 uur gaar. Lekker met warme vanillesaus.

Place the apples in a pan with 100 mL of water and boil down to a pulp. In the meantime, whisk the egg yokes until they are light yellow and creamy. Then whisk the whites in a grease-proof dish until they are stiff. Melt the butter. Grease the pudding bowl with butter and sprinkle with 50 g (2 oz.) of the breadcrumbs. Stir the rest of the breadcrumbs, the sugar, the cinnamon, the egg yoke, the egg white and the rest of the butter through the apple, transfer the mixture to the pudding bowl and put the lid on. Set the bowl in a large pan with boiling water and boil for 1½ hours. Delicious with warm vanilla sauce.

Bitterkoekjespudding | Bitter macaroon pudding

Voor 4 personen | *For 4 people*

1 citroen | 3 eieren | 0,5 liter melk | 75 g suiker | 125 g oud witbrood zonder korst, in stukjes |
100 g rozijnen, gewassen | 100 g bitterkoekjes, in kleine stukjes | 15 g boter | 30 g paneermeel |
extra nodig: puddingvorm met deksel |

1 lemon, zest only | 3 eggs | ½ litre milk | 75 g (2½ oz.) sugar | 125 g (4½ oz.) old white bread, crusts
removed, in pieces | 100 g (3½ oz.) raisins, washed | 100 g (3½ oz.) macaroon, in small pieces |
15 g (½ oz.) butter | 30 g (1 oz.) breadcrumbs | extra: pudding bowl (oven dish, casserole) with lid |

Boen de citroen onder koud water schoon en rasp de gele schil er dun af. Klop de eieren met de melk en de suiker door elkaar. Verdeel de helft over het brood en roer er de citroenrasp en de rozijnen door. Verdeel de rest over de bitterkoekjes. Laat het brood en de koekjes 30 minuten weken. Vet de vorm in met boter en bestrooi met het paneermeel. Verdeel het broodmengsel en de bitterkoekjes in laagjes over de vorm. Sluit de vorm en zet de vorm in een pan met kokend water zodat de vorm voor ¾ deel in het water staat. Laat de pudding in het midden van een voorverwarmde oven van 180 °C in ± 1,5 uur gaar worden. Zorg ervoor dat er regelmatig kokend water bij geschonken wordt. Neem voorzichtig de deksel van de vorm en maak de zijkanten los. Stort de pudding op een schaal. Lekker met warme vanillesaus.

Scrub the lemon in cold water and peel off the zest. Whisk the eggs with the milk and the sugar. Pour half of this over the bread in a bowl and stir in the lemon zest and the raisins. Pour the rest over the macaroons in another dish. Let the bread and the macaroons soak for 30 minutes. Grease the pudding bowl with butter and sprinkle this with breadcrumbs. Add the bread mixture and the macaroons, alternating layer by layer. Put the lid on the bowl (oven dish) and place it in a large pan full of boiling water so that the dish is ¾ covered by the water. Place the pudding in the middle of an oven preheated to 180°C, and allow to cook for 1½ hours. Add a little boiling water regularly. Remove the dish from the oven, remove the lid carefully and loosen the pudding from the sides. Tip the pudding onto a plate. Delicious with warm vanilla sauce.

Hangop met aardbeien en muntsuiker |
Curds with strawberries and mint sugar

Voor 4 personen | For 4 people
1 liter volle yoghurt | 350 g kleine aardbeien | 1 eetlepel ragfijn gesneden muntblaadjes |
4 eetlepels fijne tafelsuiker |
1 litre (1 pt 15 fl.oz.) full-cream yoghurt | 350 g (10½ oz.) small strawberries |
1 tbsp very finely chopped mint leaves | 4 tbsp fine sugar |

Leg een schone natgemaakte doek in een vergiet en schenk de yoghurt erin. Laat de yoghurt boven een kom in ± 6 uur in de koelkast uitlekken. Maak de aardbeien schoon en halveer ze. Roer de munt door de suiker. Verdeel de hangop over 4 schaaltjes en schep de aardbeien erop. Bestrooi met de muntsuiker. Serveer direct.

Lay a clean, moistened tea towel or cloth in a sieve and pour the yoghurt into this. Allow the yoghurt to drain out above a bowl in the fridge for around 6 hours. Clean the strawberries and cut them in halves. Stir the mint leaves into the sugar. Divide the curds among 4 small bowls and spoon the strawberries on top. Sprinkle with mint sugar. Serve immediately.

Rabarbercompote | Rhubarb compote

Rabarbercompote wordt als bijgerecht geserveerd bij wild, maar ook als dessert met yoghurt en een verkruimelde beschuit. Het is ook lekker als vulling voor taarten.

Rhubarb is served as a side dish with game, and also as a dessert with yoghurt and a crumbled biscuit rusk. It is also delicious as a filling for tarts.

Voor 4 personen | *For 4 people*
500 g rabarber | 125 g kristalsuiker | gemalen kaneel |
500 g (1 lb. 1 oz.) rhubarb | 125 g (4½ oz.) granulated sugar | ground cinnamon |

Was de rabarber, snijd de stengels in stukjes van 2 cm en breng de stukjes met aanhangend water, suiker en kaneel naar smaak aan de kook. Let op dat de rabarber niet aanbrandt of overkookt. Kook de rabarber in ± 5 minuten zachtjes gaar. Roer de rabarber door en laat hem in de koelkast afkoelen.

Wash the rhubarb, cut the stems into pieces 2 cm long, and bring to the boil with the water that remains on the stems after washing, the sugar and the cinnamon. Take care that the rhubarb does not burn or boil over. It will be cooked within 5 minutes. Stir well and allow to cool in the fridge.

Gebak *Cake*

Sûkerbôle/suikerbrood | Sûkerbôle / cinnamon bread

Suikerbrood is een Friese specialiteit. Het brood wordt in dikke sneden met roomboter bestreken geserveerd.
Cinnamon bread is a Frisian speciality. The bread is served in thick slices with butter.

Voor 1 brood | For 1 loaf

25 g verse gist, verkruimeld | 175 ml lauwe melk | 500 g tarwebloem | zout | 1 eetlepel gemalen kaneel | 75 g boter, gesmolten | extra boter om in te vetten | 1 ei | 3 bolletjes gekonfijte gember, fijngesneden | 100 g witte kandijsuiker | 4 eetlepels kristalsuiker | extra nodig: cake- of broodvorm met een inhoud van ± 2 liter |

25 g (1 oz.) fresh yeast, crumbled | 175 mL (6 fl.oz.) of lukewarm milk | 500 g (1 lb. 1 oz.) wheat flour | salt | 1 tbsp ground cinnamon | 75 g (2½ oz.) butter, melted | extra butter for greasing the bowl | 1 egg | 3 balls of candied ginger, finely chopped | 100 g (3½ oz.) white candy sugar | 4 tbsp granulated sugar | extra: cake or bread tin with around 2 litre capacity |

Roer de gist door de melk. Doe de bloem met een mespunt zout en de kaneel, het gistmengsel, de afgekoelde gesmolten boter, de gember en het ei in een kom. Kneed alles met een mixer met deeghaken tot een soepel deeg. Laat het deeg afgedekt met een stuk huishoudfolie 10 minuten rijzen. Kneed de kandijsuiker erdoor. Doe het deeg over in de goed ingevette vorm. Dek het af met een schone theedoek en een stuk huishoudfolie en laat het deeg ± 50 minuten op een tochtvrije plaats rijzen. Bestrooi de bovenkant van het brood met de kristalsuiker en bak het brood in een voorverwarmde oven van 200 °C in ± 30 minuten goudbruin en gaar. Laat het brood minimaal 15 minuten op een rooster afkoelen.

Stir the yeast into the milk. Place in a bowl the flour, a pinch of salt, the cinnamon, the yeast liquid, the melted butter, the ginger and the egg. Use a blender with dough hooks to knead the mixture until you have a supple and pliant dough. Allow the dough to rise under cling film for 10 minutes.

Knead in the candy sugar. Transfer the dough to a well-greased bread tin. Cover with a clean tea towel or cling film and allow the dough to rise in a draught-free spot for 50 minutes. Sprinkle the surface of the bread with granulated sugar and bake it in a preheated oven at 200°C for around 30 minutes, until it is golden brown. Allow the bread to cool for at least 15 minutes on a grid.

Sinterklaasje kom maar binnen ...
Sinterklaas, please come in......

In het rijtje Hollandse feestdagen neemt het sinterklaasfeest een bijzondere plaats in. In feite wordt Sint Nicolaas, zoals het feest officieel heet, zelfs uitbundiger gevierd dan Kerstmis. Het is namelijk niet alleen de dag waarop de kinderen cadeautjes krijgen, maar ook een gelegenheid voor volwassenen om elkaar te pesten met fopcadeautjes en spitsvondige gedichten.

Volgens de oude traditie is Sint Nicolaas een heilige die elk jaar op 5 december cadeautjes bezorgt bij alle kinderen in Nederland. Samen met zijn hulpje Zwarte Piet, rijdt hij op zijn witte paard over de daken en gooit cadeautjes in de schoorstenen. De kinderen die vol spanning op zijn komst wachten, hebben hun schoen bij de schoorsteenmantel gezet en zingen uit volle borst sinterklaasliedjes. Zolang de kinderen klein zijn en nog 'geloven', is sinterklaas het best bewaarde geheim van Nederland.

Als het grote mysterie eenmaal is onthuld, wordt sinterklaas op een heel andere manier gevierd. Dan worden er briefjes met de namen van alle 'volwassenen' in een grote pot gegooid en mag iedereen een lootje trekken. Het is de bedoeling dat je voor degene die je hebt getrokken een cadeautje koopt én een gedicht en surprise maakt.

In the list of Dutch holidays and saint's days, *Sinterklaas* day takes a very special place. In fact, St Nicholas' day, as it is officially called, is celebrated even more exuberantly than Christmas. The thing is that it is not only the day when children are given presents, but also an opportunity for adults to tease one another with trick presents and smart poems.

Traditionally, St Nicholas is a saint who delivers presents to all children in the Netherlands on his name day, 5 December. Accompanied by his attendant Black Peter, he rides his white horse over the rooftops, throwing presents down chimneys. The children have put their shoe by the fireplace (similar to hanging up their stocking at Christmas) and sing special St Nicholas songs at the top of their voices, anxiously awaiting his arrival. As long as the children are small and still 'believers', the mystery of Sinterklaas is the best-kept secret of the Netherlands.

Once the truth has been revealed, the feast of Sinterklaas is celebrated in an entirely different way: notes are put in a big pot, each with the name of an adult or older child. Next, everyone is supposed to draw a lot, the idea being that you buy a present for the person

De weken voor 5 december hangt er dan ook een ge-heimzinnige sfeer in veel huizen. Briefjes op deuren met 'eerst kloppen' of 'verboden toegang' zijn de gewoonste zaak van de wereld. Er wordt heel wat af-geknutseld. De surprises zijn bij voorkeur heel groot en kliederig – een namaaktaart van behanglijm bijvoor-beeld – de gedichten een tikje venijnig en het cadeautje is meestal een kleinigheidje. Bij deze traditie horen ook echte sinterklaaslekkernijen zoals bisschopswijn, speculaas, chocolademelk, banketstaaf met amandel-spijs, chocoladeletters, pepernoten, taaitaai en suiker-snoepjes.

Op 5 december worden traditioneel de cadeautjes opengemaakt en de gedichten voorgelezen. Daar waar kleine kinderen zijn, komt Sinterklaas op bezoek of laat hij een zak vol cadeautjes bij de voordeur achter. En na elk uitgepakt cadeau zegt de ontvanger eerbiedig: 'Dank u wel, Sinterklaas!'

whose name you have drawn, and subsequently write a poem and a make surprise parcel.

Consequently, many houses are characterized by a mysterious atmosphere in the weeks before 5 Decem-ber. Notes on doors saying 'Knock first' or 'No admit-tance' are not at all uncommon. A lot of tinkering is done and the surprise packets that are knocked toge-ther are expected to be big and messy – a fake tart with a wallpaper paste filling, for example; the poems are slightly derisive in a good-natured way and the present is usually something small. Part of this tradition are also real Sinterklaas delicacies such as spiced wine, spiced biscuits, hot cocoa, almond pastry roll, choco-late letters, spice nuts, gingerbread and sweets.

Traditionally, the gifts are unwrapped and the poems read out on 5 December. Where there are small child-ren, Sinterklaas pays a visit or leaves a sack filled with presents by the front door. And after unpacking each present, the receiver says respectfully: 'Thank you very much, Sinterklaas!'

Gevulde speculaas | Cake with almond paste

Voor 20 stukken | For 20 slices

250 g bloem | extra bloem om uit te rollen | zout | 1 theelepel bakpoeder | 150 g bruine basterdsuiker | 2 eetlepels speculaaskruiden | 160 g koude boter | extra boter om in te vetten | 2 eetlepels melk | 300 g amandelspijs | 3 eieren | 0,5 eetlepel sinaasappelrasp | 20 halve amandelen | extra nodig: bakvorm van 20x20 cm |

250 g (8½ oz.) flour | extra flour for rolling the dough | salt | 1 tsp baking powder | 150 g (5 oz.) soft brown sugar | 2 tbsp mixed spices (cinnamon, nutmeg, cloves, aniseed, koriander, white pepper) | 160 g (5½ oz.) cold butter | extra butter for greasing the baking tin | 2 tbsp milk | 300 g (10½ oz.) almond paste | 3 eggs | ½ tbsp orange zest | 20 half-almonds | extra: baking tin measuring 20x20 cm (8x8 in.) |

Roer de bloem met een mespunt zout, het bakpoeder, de suiker en de speculaaskruiden door elkaar. Snijd de boter er met twee messen door en voeg de melk toe. Kneed dit tot een soepel deeg. Verpak het in huishoudfolie en leg het tot gebruik in de koelkast. Verkruimel de amandelspijs en prak er 2 eieren en de sinaasappelrasp door. Meng alles goed door elkaar tot een egaal mengsel. Vet de bakvorm in met boter. Verdeel het deeg in 2 gelijke porties en rol ze op een met bloem bestoven werkvlak uit tot lappen van 20x20 cm. Leg 1 lap deeg in de vorm. Verdeel het amandel-spijsmengsel erover en dek het af met de rest van het deeg. Druk het met vlakke hand aan. Bestrijk het deeg met losgeklopt ei en druk de amandelen in het deeg. Bestrijk ook de amandelen met ei. Bak de speculaas in een voorverwarmde oven van 175 °C in ± 40 minuten bruin en gaar. Laat de speculaas iets afkoelen en snijd hem in 20 vierkantjes.

Mix the flour with a pinch of salt, the baking powder, sugar and mixed spices. Add the butter and the milk. Knead this into a supple and pliant dough. Pack it in cling film and place it in the fridge until needed. Crumble the almond paste and mix in two eggs and the orange zest with a fork. Mix everything until it acquires an even consistency. Grease the baking tin with butter. Divide the dough into two equal portions and roll these on a flour-covered worktop to form leaves of pastry measuring 20 x 20 cm. Place one sheet of pastry in the tin. Spread the almond paste mixture over this sheet and cover with the other. Press it down gently with the palm of your hand. Coat the pastry with a whisked egg and press the almonds into the covering. These almonds should also be smeared with egg. Bake the cake in a preheated oven at 175°C for around 40 minutes, until it is brown. Allow the cake to cool and cut it into 20 squares.

Echte appeltaart?
Real apple pie?

Bijna elk Nederlands restaurant, koffiehuis en zelfs de bruine kroeg heeft hem op de kaart: de Hollandse appeltaart. Maar is die appeltaart wel zo Hollands? Daar zijn de meningen over verdeeld. Feit is wel dat tijdens menige jaarmarkt, braderie of dorpsfeest een wedstrijd Hollandse appeltaart bakken wordt georganiseerd. Op basis van die traditie mag je dus wel zeggen dat de Hollandse appeltaart wel degelijk bestaat!

De klassieke Nederlandse appeltaart wordt gemaakt van zandtaartdeeg gevuld met appel, rozijnen en/of krenten, suiker, kaneelpoeder en soms een snufje kruidnagelpoeder. Over de soort appels valt niet te twisten: dat moet de friszure Goudrenet of Schone van Boskoop zijn. In luxe taarten worden ook nog wel eens amandelen of amandelspijs verwerkt, maar gekker moet het echt niet worden.
Om te voorkomen dat de bodem te nat wordt door het vocht uit de appels, bestrooit men de deegbodem met paneermeel, koekkruimels of een paar eetlepels custard. Verkruimelde, oud geworden speculaaskoekjes zijn daar ook heel geschikt voor. De taart wordt vervolgens afgedekt met een ruitvormig patroon van repen deeg. En dat is typerend voor de Hollandse appeltaart. Door de open structuur van de bovenzijde kun je de

Virtually every Dutch restaurant, coffee house and even pub carries it on the pastry list: Dutch apple pie. But is that apple pie really so Dutch? There is much diversity of opinion about this. True, on the occasion of many a village fair a Dutch apple-pie baking contest is organized. So, on the basis of that tradition one can rightfully say that the Dutch apple pie does exist!

The classic Dutch apple pie is made of shortbread pastry with a filling of apple, raisins and / or currants, sugar, cinnamon powder and sometimes a pinch of ground clove. There is no arguing about the variety of apple: the only one that is suitable is the fresh-sour Bramley or perhaps the Beauty of Boskoop. Sometimes almond paste or almonds are added in fancy pies, but one should not take it any further than that.
To make sure that the pastry shell does not get too wet on account of the juice from the apples, it is sprinkled with bread or biscuit crumbs or a few tablespoons of custard. Crumbled, stale spiced biscuits are also very suitable. After this, the pie is covered with a lozenge-shaped pattern of pastry strips, which is so very typical of the Dutch apple pie. Because of the open structure of the top one can see the filling. The outside should be nice and crusty and the filling soft with a lovely flavour.

vulling zien. De korst moet lekker knapperig zijn en de vulling zacht en geurig.

Geen enkele zichzelf respecterende toeristische trekpleister kan zonder koffie met 'echte' Hollandse appeltaart. Op veel menukaarten wordt de taart zelfs als 'specialiteit van het huis' omschreven, maar dat is helaas geen garantie voor kwaliteit. Wie geluk heeft, krijgt inderdaad een lekkere, naar kaneel en appel geurende en smakende taartpunt voorgeschoteld. Dat is dan inderdaad een huisgemaakte appeltaart. Jammer genoeg komt het regelmatig voor dat men een slecht fabriekstaartje uit de diepvries serveert; te heet van buiten, nog ijskoud van binnen en alles behalve knapperig en geurig. Vraag daarom altijd of de taart uit eigen keuken komt en eet hem met een flinke toef slagroom, want dat hoort bij echte Hollandse appeltaart. Drink er koffie, warme chocolademelk (met slagroom) en een echt Hollands likeurtje bij.

No self-respecting tourist attraction can afford not to offer coffee with 'real' Dutch apple pie. On many pastry lists the pie is even referred to as 'specialty of the house', but unfortunately that is no warranty of quality. If you are lucky, you will indeed be served a lovely wedge of real home-made apple pie smelling and tasting of cinnamon and apple. More's the pity that quite frequently what one gets instead is a poor factory-made pie from the freezer, too hot on the outside, still frozen on the inside and anything but crusty and flavoury. Therefore always ask if the pie is home-made and, if so, have it served with a nice blob of whipped cream, something real Dutch apple pie should never come without. Consume it with coffee or hot cocoa (with whipped cream, again) and a glass of real Dutch liqueur.

Appeltaart | Apple pie

Voor 12 punten | For 12 slices

250 g zelfrijzend bakmeel | zout | 75 g witte basterdsuiker | 1 zakje vanillesuiker van 8 g |
100 g koude boter | 1 klein ei, losgeklopt | 5 eetlepels paneermeel of koekkruimels | 750 g zachtzure
appels, bijv. goudrenetten, geschild en in dunne partjes | 50-75 g kristalsuiker | 1 eetlepel gemalen
kaneel | 100 g rozijnen, gewassen | 3 eetlepels abrikozenjam | extra nodig: springvorm ø 24 cm |
250 g (8½ oz.) self-raising flour | salt | 75 g (3 oz.) soft white sugar | 1 pouch of vanilla sugar, 8 g (¼ oz.) |
100 g (3½ oz.) cold butter | 1 small egg, whisked | 5 tbsp breadcrumbs or cake crumbs | 750 g (1 lb. 10 oz.)
sweet-sour apples, such as Golden Rennet, peeled and in thin slices | 50-75 g (1½-2½ oz.) granulated
sugar | 1 tbsp ground cinnamon | 100 g (3½ oz.) raisins, washed | 3 tbsp apricot jam | extra: springform
ø 24 cm (10 in) |

Roer het bakmeel met een mespunt zout, de basterdsuiker en de vanillesuiker door elkaar. Snijd
de boter er met twee messen door en wrijf het mengsel met de toppen van de vingers tot een
kruimelig deeg. Voeg 2/3 deel van het ei en 1-2 eetlepels koud water toe en kneed het tot een soepel
deeg. Bekleed de ingevette of met bakpapier beklede bakvorm met 2/3 deel van het deeg en zet
de vorm 30 minuten in de koelkast. Verpak de rest van het deeg in huishoudfolie en leg het in de
koelkast. Bestrooi de bodem met het paneermeel en leg er een laag appelpartjes op. Strooi er
kristalsuiker, kaneelpoeder en rozijnen over en herhaal de lagen totdat alle appel, suiker, kaneelpoeder en rozijnen zijn opgebruikt. Rol de rest van het deeg uit tot een cirkel van ± 24 cm ø. Snijd
er repen van ± 1,5 cm breed van en leg ze kruiselings over de appel. Druk de randen vast en bestrijk
de repen met de rest van het ei. Bak de taart in een voorverwarmde oven van 200 °C in ± 1 uur
lichtbruin en gaar. Bestrijk de taart na het bakken met warme jam. Lekker met stijfgeklopte
slagroom.

Mix together the flour, a pinch of salt, the soft white sugar, and the vanilla sugar. Add the butter and
rub the mixture with your fingertips until a crumbly dough has been formed. Add ⅔ of the egg and
1-2 tbsp of cold water and knead it into a supple and pliant pastry. Cover the springform, which has
been greased with butter or coated with grease-proof paper, with ⅔ of the pastry and place this in

the fridge. Wrap the rest of the pastry in cling film and place it in the fridge too. Then take the springform, cover the pastry bottom with breadcrumbs and arrange a layer of apple slices on the bottom. Sprinkle granulated sugar, cinnamon powder, and raisons over the apple and repeat this procedure until all the apple, sugar, ground cinnamon and raisins have been used. Roll out the rest of the pastry to form a circle with a diameter of around 24 cm. Cut this circle into strips around 1.5 cm wide, and place them diagonally over the apple mixture, forming a lattice work. Press down the rims and use the rest of the egg to smear the strips. Bake the pie in a preheated oven at 200°C for around 1 hour, until it is golden brown. Remove it from the oven and coat it with warm jam. Delicious with whipped cream.

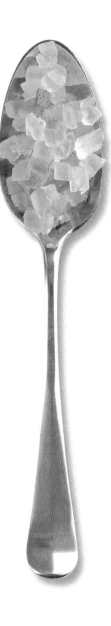

Oliebollen | Doughnut balls

Deze van gistdeeg gemaakte bollen worden in olie gefrituurd en mogen tijdens Oud en Nieuw niet ontbreken. In sommige families is het al jaren traditie om op oudejaarsdag gezamenlijk emmers vol oliebollen te bakken.

These spherical doughnuts, made with yeast, are deep-fried in oil and are an essential part of Hogmanay (New Year) celebrations. In some families, it has been a tradition for many years to combine forces to make bowls full of doughnuts for New Year's Eve.

Voor 16 stuks | *For 16 doughnuts*

0,5 sinaasappel | 30 g verse gist, verkruimeld | 0,5 liter lauwwarme melk | 500 g tarwebloem | 2 theelepels suiker | 1 theelepel zout | 1 theelepel gemalen kaneel | 100 g krenten en rozijnen, gewassen | 25 g sukade, gesnipperd | 1 appel, geschild en in kleine stukjes | olie om te frituren | poedersuiker |

½ orange, zest only | 30 g (1 oz.) fresh yeast, crumbled | ½ litre lukewarm milk | 500 g (1 lb 1oz.) wheat flour | 2 tsp sugar | 1 tsp salt | 1 tsp ground cinnamon | 100 g (3½ oz.) currants and raisins, washed | 25 g (1 oz.) candied peel, finely chopped | 1 apple, peeled and in small pieces | oil for deep-frying | powdered sugar |

Boen de sinaasappel onder stromend water schoon en rasp de oranje schil er dun af. Roer de gist met 3 eetlepels van de melk los. Roer de bloem met de suiker, het zout en de kaneel door elkaar. Maak een kuiltje in het midden en schenk het gistmengsel erin. Voeg al roerende met een mixer met deeghaken de rest van de melk toe en roer het tot een egaal beslag. Schep de sinaasappelrasp, de krenten, de rozijnen, de sukade en de appel erdoor en laat het beslag afgedekt met een schone theedoek of met huishoudfolie op een warme plek 1 uur rijzen. Bak van het beslag 4 porties van 4 flinke oliebollen in hete olie van 190 °C. Laat ze op keukenpapier uitlekken en bestuif ze dik met poedersuiker.

Scrub the orange in cold water and grate off the zest. Stir 3 tbsp of milk into the yeast to loosen it up. Mix the flour, sugar, salt and cinnamon in a bowl. Make a slight hollow in the middle and pour in the yeast paste. Add the rest of the milk, continuously turning with a blender with dough hooks to produce an even dough. Stir in the orange zest, currants, raisins, candied peel and apple, and allow the dough to rise under cling film or a clean tea towel in a warm spot. Then fry 4 successive portions of 4 sizeable doughnuts in hot oil at 190°C. Allow them to drain on paper towels and sprinkle them abundantly with powdered sugar.

Borrelhapjes/tussendoortjes *Snacks*

Kroketten/bitterballen | Croquettes

In kroketten en bitterballen kun je heel goed gebruikmaken van een restje gaar rund- of kalfsvlees, maar ook garnalenkroketjes zijn erg lekker. Vervang de vleesbouillon dan door visbouillon.

Croquettes are the ideal outlet for leftovers of cooked beef or veal, but shrimp or prawn croquettes are also delicious. In that case, use fish stock instead of beef stock.

Voor ± 6 kroketten | For around 6 croquettes
30 g boter | 30 g bloem | 250 g gaar rund- of kalfsvlees, in kleine stukjes | 2 dl runderbouillon |
1 blaadje gelatine (7 g), geweekt in koud water | peper, zout | 1 ei | ± 6 eetlepels paneermeel of broodkruim | frituurolie |
30 g (1 oz.) butter | 30 g (1 oz.) flour | 250 g (8½ oz.) cooked beef or veal, in small pieces | 200 mL beef stock | 1 leaf of gelatine (7 g, ¼ oz.), soaked in cold water | salt, pepper | 1 egg | ± 6 tbsp breadcrumbs | oil for deep-frying |

Smelt de boter en roer er de bloem door. Voeg beetje voor beetje de bouillon toe en laat de ragout telkens binden. Laat de ragout ± 5 minuten op een laag vuur garen. Roer er van het vuur af de uitgeknepen gelatine en het vlees door. Breng op smaak met peper en zout. Schenk de ragout in een met koud water omgespoeld diep bord en laat dit in de koelkast opstijven. Klop in een diep bord het ei met 2 eetlepels water los en strooi in een ander bord het paneermeel. Verdeel de ragout in ± 6 gelijke porties en vorm er met natgemaakte handen kroketten van. Wentel ze door het ei en vervolgens door het paneermeel. Herhaal dit nogmaals. Laat de kroketten ± 20 minuten opstijven en drogen. Bak de kroketten in de hete olie van 180 °C in ± 5 minuten goudbruin en gaar. Laat ze op keukenpapier uitlekken. Lekker met mosterd.

Melt the butter and stir in the flour. Add the stock a little at a time, stirring constantly, and let this ragout fond thicken up each time. Cook the fond for around 5 minutes on a low heat. Remove from the heat, and stir in the squeezed-out gelatine leaf and the meat. Season with salt and pepper. Pour the ragout into a deep plate or bowl that has been rinsed with cold water, and allow it to solidify in the fridge. Whisk the egg in another deep plate, and sprinkle the breadcrumbs into yet another deep plate. Take the ragout out of the fridge and divide it into 6 equal portions. Wet your hands with cold water and roll the croquettes. Turn them in the egg and then roll them in the breadcrumbs. Repeat this once again. Let the croquettes stiffen and dry for around 20 minutes. Then deep-fry them in hot oil at 180°C for 5 minutes, until they are golden brown. Allow them to drain on paper towels. Delicious with mustard.

Tip Van dezelfde ragout kun je ook bitterballen maken. Rol dan van de ragout balletjes ter grootte van een walnoot.

Tip You can also make small round croquettes (called *bitterballen* in Dutch) from the same mixture. Make the balls approximately the size of a walnut.

De lekkerste kaas
The most delicious cheese

Nederland is en blijft het land van tulpen, klompen en kaas. Dat is te zien aan de vele kaasmarkten en waaggebouwen die nog terug te vinden zijn in typische kaassteden zoals Alkmaar, Gouda en Edam. Hoewel de kaasmarkten tegenwoordig vooral een toeristische functie hebben, is kaas nog steeds een van de belangrijkste exportproducten van Nederland. De Goudse en Edammer kazen zijn wereldwijd beroemd en verkrijgbaar.

Met de komst van de zuivelfabrieken zo'n honderd jaar geleden, gingen steeds meer boeren hun melk bij de fabriek afleveren en werd er minder kaas op de boerderij gemaakt. Gelukkig is het oude ambacht niet helemaal verloren gegaan. Sterker nog: de laatste jaren is er een enorme toename van traditioneel bereide kazen te zien.

Boerenkaas is zo'n kaas waarvan de naam zelfs wettelijk is beschermd. Alleen als de kaas volgens ambachtelijke tradities op de boerderij is gemaakt, mag de naam Boerenkaas op het etiket staan. Boerenkazen worden gemaakt van dagverse 'rauwe' melk, rechtstreeks van de koe. Elke boer(in) heeft haar eigen recept en werkwijze en daaraan dankt de kaas zijn unieke karakter. Boerenkaas is herkenbaar aan de volle, rijke smaak die

The Netherlands is and remains the country of tulips, wooden shoes and cheese. You can recognize this by the many cheese markets and weigh-houses that are still found in typical cheese towns like Alkmaar, Gouda and Edam. Nowadays the cheese markets chiefly have a tourist function; however, cheese is still one of the main export products of this country. Gouda and Edam cheese are famous and available all over the world.

With the advent of the dairy factories, about a century ago, an increasing number of farmers delivered their milk to the factory and less cheese was made on the farm. Fortunately, the old trade has not completely disappeared. Or even better: the last few years have shown an enormous increase in the production of traditionally made cheese.

One of these is farmhouse cheese, the name of which is even legally protected. Only if the cheese is made on the farm according to traditional methods may the name 'Farmhouse cheese' be used. Farmhouse cheese is made of fresh raw milk, straight from the cow. All farmers (and farmers' wives) have their own recipe and manufacturing process and this gives each cheese its unique character. Farmhouse cheese can be identified by the full, rich taste which changes all the time, depen-

steeds verandert, afhankelijk van het koeienras, het voedsel dat de dieren eten en het seizoen. Dat maakt Boerenkaas zo bijzonder.

Inmiddels zijn er heel veel verschillende kaassoorten die op traditionele wijze worden bereid. Elke streek heeft zijn eigen specialiteit. Bekende soorten zijn Boeren Goudse Oplegkaas uit het Groene Hart, Texelse schapenkaas, Le Petit Doruvael van de familie Vlooswijk uit Montfoort, Manchedoux uit Groningen, Boeren-Leidse met sleutels (een stempel in de korst) en komijn en Olde Terwolde van geitenkaasboerderij Wolf uit Terwolde. Vaak worden deze kazen en kaasjes op kleine schaal in de regio of op de boerderij zelf verkocht, maar ze zijn ook steeds vaker te vinden op de kaastafels van de betere restaurants. En dat is niet voor niets!

ding on the breed of cow, the food the animals eat, and the season in which it has been made. All this is what makes farmhouse cheese so special.

There are now numerous different kinds of cheese that are made according to traditional methods. Each region has its own speciality. Well-known brands are Gouda Farmhouse Store cheese from the Green Heart, the rural area east of The Hague, Texel sheep's cheese, Le Petit Doruvael from the Vlooswijk family of Montfoort, Manchedoux from Groningen, Leyden Farmhouse cheese with keys (a stamp in the rind) and Olde Terwolde from the Wolf goats' cheese farm of Terwolde. More often than not these varieties of cheese are sold on a small scale in the area or on the farms in question, but they are also increasingly found on the cheese boards of the better class of restaurant. And for good reason!

Palingbroodjes | Eel rolls

De originele palingbroodjes worden gemaakt met verse paling. Doordat paling een graatje heeft worden de broodjes vanaf de zijkant gegeten. Maar deze versie met gerookte palingfilet kan helemaal opgepeuzeld worden. Andere gerookte vissoorten zoals forel smaken ook erg lekker in deze broodjes.

The real eel rolls are made with fresh eel. Because eel has a backbone, the rolls are eaten from the sides. But this version, with smoked eel fillet, can be devoured completely. Other smoked fish, such as trout for example, is also delicious in these rolls.

Voor 6-8 broodjes | *For 6-8 rolls*

250 g bloem | zout | 0,5 zakje gedroogde gist à 7 g | 10 g boter, gesmolten | 200 g gerookte palingfilet | peper | 1 ei, losgeklopt | zeezout |

250 g (8½ oz.) flour | salt | ½ pouch of dried yeast, around 3.5 g (⅛ oz.) | 10 g (⅓ oz.) butter, melted | 200 g (7 oz.) smoked eel fillet | pepper | 1 egg, whisked | sea salt |

Roer de bloem met een mespunt zout en de gist door elkaar. Voeg de boter en 1,5 dl handwarm water toe en kneed alles met een mixer met deeghaken tot een soepel deeg. Laat het deeg, afgedekt met huishoudfolie, 10 minuten rijzen. Kneed het nogmaals door en verdeel het in 6-8 gelijke porties. Rol ze uit tot lapjes van ± 8x10 cm. Verdeel er de paling in de lengte over, bestrooi met peper naar smaak en rol het deeg met de paling op tot rolletjes. Bestrijk de broodjes met ei en bestrooi met zeezout. Laat ze op een ingevet bakblik ± 30 minuten rijzen. Bak ze in een voorverwarmde oven van 200 °C in ± 20 minuten goudbruin en gaar.

Mix the flour with a pinch of salt and the yeast. Add the butter and 150 mL lukewarm water and knead the mixture with a blender with dough hooks to form a supple and pliant dough. Cover the dough with cling film and allow it to rise for around 10 minutes. Knead it once again and divide it into 6-8 equal portions. Roll them out to form leaves measuring around 8x10 cm. Spread the eel over the leaves, laying it longitudinally, sprinkle with pepper to taste, and roll up the leaves to form rolls. Coat the rolls with egg and sprinkle with sea salt. Let them rise on a greased baking tray for around 30 minutes. Bake them in a preheated oven at 200°C for 20 minutes, until they are golden brown.